过江隧道工程——
对水上服务区技术影响研究

GUOJIANG SUIDAO GONGCHENG
DUI SHUISHANG FUWUQU JISHU YINGXIANG YANJIU

李延伟　朱玉德　王晨阳　吴　兵　左殿军◎著

河海大学出版社
·南京·

图书在版编目(CIP)数据

过江隧道工程对水上服务区技术影响研究 / 李延伟等著. —南京：河海大学出版社，2023.12
ISBN 978-7-5630-8581-1

Ⅰ.①过… Ⅱ.①李… Ⅲ.①水下隧道-隧道工程-影响-航道-水路运输管理-服务设施-研究 Ⅳ.①U697

中国国家版本馆 CIP 数据核字(2023)第 240027 号

书　　名	过江隧道工程对水上服务区技术影响研究
书　　号	ISBN 978-7-5630-8581-1
责任编辑	杜文渊
特约校对	李　浪　杜彩平
装帧设计	徐娟娟
出版发行	河海大学出版社
地　　址	南京市西康路 1 号(邮编：210098)
电　　话	(025)83737852(行政部)　(025)83722833(营销部)
经　　销	江苏省新华发行集团有限公司
排　　版	南京月叶图文制作有限公司
印　　刷	广东虎彩云印刷有限公司
开　　本	700 毫米×1000 毫米　1/16
印　　张	9.75
字　　数	180 千字
版　　次	2023 年 12 月第 1 版
印　　次	2023 年 12 月第 1 次印刷
定　　价	69.00 元

目 录

第1章　绪论 ·· 1

　1.1　引言　/ 1

　　　1.1.1　研究背景　/ 1

　　　1.1.2　长江水上综合服务区的现状和发展趋势　/ 3

　　　1.1.3　过江隧道建设与水上服务区的冲突　/ 4

　1.2　我国过江通道穿越水上服务区研究现状　/ 5

　1.3　本书主要研究内容　/ 7

第2章　法律法规技术标准对隧道与水上服务区影响研究 ············ 10

　2.1　法律法规技术标准对保护范围及限制行为的要求　/ 10

　　　2.1.1　航道保护范围及限制行为的要求　/ 10

　　　2.1.2　港口范围及限制行为的要求　/ 11

　　　2.1.3　隧道保护范围及限制行为的要求　/ 12

　　　2.1.4　地方管理条例对隧道保护范围及限制行为的要求　/ 15

　　　2.1.5　小结　/ 24

　2.2　法律法规技术标准相关规定对隧道选址要求　/ 25

　　　2.2.1　相关法律法规的要求　/ 25

　　　2.2.2　标准规范的要求　/ 30

　　　2.2.3　小结　/ 40

　2.3　法律法规技术标准对隧道设置深度的要求　/ 41

　　　2.3.1　相关法律法规的要求　/ 41

2.3.2　相关标准规范对隧道埋设深度的要求　/ 42

         2.3.3　隧道穿越已有建(构)筑物埋设深度及保障措施　/ 47

         2.3.4　小结　/ 48

   2.4　本章小结　/ 49

第3章　隧道工程对水上服务区影响研究 ························ 51

   3.1　离心机试验　/ 51

         3.1.1　试验场地及设备　/ 51

         3.1.2　试验设计　/ 58

         3.1.3　试验过程　/ 61

   3.2　离心机模型试验的数值模拟　/ 70

         3.2.1　数值模型的建立　/ 70

         3.2.2　土体本构模型及参数确定　/ 70

         3.2.3　水上服务区—桩基—土体接触模型及参数　/ 76

         3.2.4　边界条件及模拟过程　/ 77

   3.3　原型隧道对栈桥影响数值模拟试验　/ 77

         3.3.1　数值模型的建立　/ 77

         3.3.2　有限元计算工况　/ 78

   3.4　本章小结　/ 79

第4章　水上服务区船舶应急抛锚影响深度研究 ················ 80

   4.1　船舶应急抛锚过程　/ 80

   4.2　参数选取　/ 82

         4.2.1　应急抛锚代表锚型　/ 82

         4.2.2　河床底高程和计算水深　/ 84

         4.2.3　触底速度　/ 84

   4.3　应急抛锚入土深度研究　/ 86

         4.3.1　理论公式　/ 86

         4.3.2　数据拟合　/ 88

4.3.3　数值模拟　/ 88
　4.4　拖锚入土深度分析　/ 91
　　4.4.1　理论计算　/ 91
　　4.4.2　数值模拟　/ 92
　4.5　本章小结　/ 94

第5章　水上服务区沉船对隧道工程影响研究……………………… 95
　5.1　沉船形态分析　/ 95
　5.2　沉船代表船型　/ 96
　5.3　沉船触底速度模型　/ 97
　5.4　沉船有限元数值模拟　/ 98
　5.5　本章小结　/ 102

第6章　工程应用实际案例…………………………………………… 103
　6.1　工程概况　/ 103
　6.2　法律法规技术标准符合性研究　/ 105
　6.3　隧道工程对水上服务区影响研究　/ 108
　　6.3.1　离心机试验　/ 109
　　6.3.2　离心机模型试验的数值模拟　/ 113
　　6.3.3　原型隧道对栈桥影响数值模拟试验　/ 120
　6.4　船舶应急抛锚影响深度分析　/ 131
　　6.4.1　应急抛锚入土深度分析　/ 131
　　6.4.2　拖锚入土深度分析　/ 136
　　6.4.3　对比分析　/ 140
　6.5　沉船影响分析　/ 141
　6.6　本章小结　/ 141

参考文献 …………………………………………………………………… 143

第 1 章

绪　论

1.1　引言

1.1.1　研究背景

作为世界第三大河的长江,货运量已连续多年位居世界内河之首。长江干线自云南水富至长江入海口,全长 2 838 km,途经云南、四川、重庆、湖北、湖南、江西、安徽、江苏、上海等七省二市,是目前世界上运量最大、运输最繁忙的内河水运通道。一方面,随着我国经济及航运事业的不断发展,长江经济带国家战略的大力推进,长江干线形成以重庆、宜昌、武汉、南京、苏州、上海等主要港口为依托,中小型港口相结合的港口群体。逐步将重庆、武汉、南京建设成为上、中、下游航运中心并将上海建设成为国际航运中心。同时,沿江两岸港口、水上服务区、码头、锚地等涉水建(构)筑物日益增多,优良河段多已建设大量的涉水涉航建筑。

另一方面,长江黄金水道的建设推动了长江经济带发展,长江经济带建设又将推动产业转型升级,推进新型城镇化发展,形成以城市群为主体形态的城镇化格局,这又反向要求加快构建综合运输大通道。长江干线过江通道连接长江两岸,是沟通我国南北交通的重要纽带,是支撑长江经济带新型城镇化发展的重要设施。过江通道建设是落实国土空间基本格局和城镇空间格局的需要;是优化城区城市功能,支撑沿线城市重点功能区发展的需要;是实现交通快速转换衔接,加快综合交通枢纽城市建设的迫切需要;是尽快形成"快线穿城＋环网放射"轨道线网,锚固"环线＋快线"网络节点的迫切需要;是实现中心城区环境保护目标的迫切需要。

根据国务院批准的《长江干线过江通道布局规划(2020—2035年)》(发改基础〔2020〕512号,以下简称《规划》),到2025年,长江干线规划新建过江通道180座左右,重点推动实施79座过江通道。其中,四川省10座、重庆市17座、湖北省24座、鄂湘界1座、鄂赣界2座、赣皖界1座、安徽省9座、江苏省13座和上海市2座;至2035年,长江干线规划新建过江通道240座。目前,长江干线正在陆续掀起建设过江通道工程的热潮。

在过江通道工程实施过程中,《规划》要求切实保障航运安全和发展。根据长江航道发展规划技术等级、相关通航标准和航运发展需求,妥善处理过江通道与航道、港口、码头、水上服务区、锚地、趸船等的关系,严格控制安全距离。考虑到隧道形式的过江通道建设对长江航运和船舶通航的影响比桥梁建设带来影响较小,长江下游等重点河段应坚持"少桥多隧""宜隧则隧"原则。

从充分发挥长江黄金水道航运功能、保障船舶通航安全和加快两岸港区建设发展等角度出发,过江通道工程中的隧道方式将优于桥梁方式。其优势表现在隧道位于水下泥面中,且通常埋置深度较大,占用的水上水下通航资源较少,对长江航行船舶和两岸港口设施的影响相对较小;相反,受到河道水面宽度、桥梁功能性质、两岸港口岸线现状及规划布局和已有码头、锚地、停泊区、桥梁、隧道等涉航建(构)筑物的分布等多重因素制约,桥梁的桥跨布置方案很大程度会影响长江船舶通航,明显影响长江航运发展。特别是长江下游江面宽度可达10 km,桥墩必然涉水,对航道及可通航水域船舶的航行安全产生较大影响。而且,长江下游航道等级较大,可通航10～20万吨级船舶,这将对桥梁通航净空尺度提出更高要求。同时,桥梁容易与两岸港口岸线资源发生冲突,涉及拆迁既有码头或调整港口规划,与地区经济发展和港口建设发生冲突。

因此,在长江干线过江通道工程设计阶段,基于科学严谨的桥隧比选后,采用隧道方式正在逐渐成为一种更优的选择,特别是在长江中下河段,隧道方式在过江通道中的比重正在加大。比如,海太过江通道工程、江阴第二过江通道工程、新建沪崇线过江通道工程南支段和上海市轨道交通崇明线越江段工程、马鞍山市湖北路过江通道工程等,均是采用隧道方式穿越长江。

1.1.2 长江水上综合服务区的现状和发展趋势

习近平总书记指出"推动长江经济带发展必须从中华民族长远利益考虑，把修复长江生态环境摆在压倒性位置，共抓大保护，不搞大开发，努力把长江经济带建设成为生态更优美、交通更顺畅、经济更协调、市场更统一、机制更科学的黄金经济带，探索出一条生态优先、绿色发展新路子"。党的十八大以来，从国家到沿江各地，始终坚持生态优先、绿色发展的战略定位，推进生态环境整治，以"生态优先、绿色发展"为基本理念，构建绿色航运、绿色通航。《交通运输部关于推进长江航运高质量发展的意见》（交水发〔2019〕87号）提出"探索建设集岸电、污染物接收等服务于一体的水上绿色航运综合服务区"的工作部署，长江干线水上绿色航运综合服务区建设步伐不断加快。

长江水系14省市有近12万艘内河货运船舶，常年航行于长江干线的船舶约5万艘。船舶营运期内20%左右时间在港口，30%左右时间在锚泊，50%左右时间在航行。在长江干线航道建设水上服务区，推动现有水上服务区拓展功能、升级改造，打造人民满意、功能齐全的高品质服务成为交通运输部推进的一项重要民生实事。

目前，长江干流共建成投入运营12个水上绿色综合服务区。具体分布在（长江江苏段）苏州太仓、南通如皋、镇江六圩、南京龙潭、南京新生圩；（长江安徽段）芜湖大白茆；（长江江西段）九江姚港；（长江湖北段）宜昌三峡、武汉新五里；（长江湖南段）岳阳莲花塘；（长江重庆段）重庆涪陵；（长江四川段）泸州黄舣。

表1.1-1 长江干线现有水上绿色服务区一览表

序号	水上服务区名称	所在省份	备注
1	苏州太仓水上绿色综合服务区	长江江苏段	—
2	南通如皋水上绿色综合服务		全国最大规模
3	镇江六圩水上绿色综合服务		—
4	南京龙潭水上绿色综合服务区		—
5	南京新生圩水上绿色综合服务区		—

(续表)

序号	水上服务区名称	所在省份	备注
6	芜湖大白茆水上服务区	长江安徽段	安徽首个
7	九江姚港水上综合服务区	长江江西段	江西首个
8	宜昌三峡通航综合服务区	长江湖北段	长江干线首个
9	武汉新五里水上绿色综合服务区	长江湖北段	—
10	岳阳莲花塘水上绿色综合服务区	长江湖南段	湖南首个
11	重庆涪陵水上绿色综合服务区	长江重庆段	重庆首个
12	泸州黄舣水上服务区	长江四川段	四川首个

根据《长江干线水上绿色航运综合服务区布局方案研究》，规划到2030年，长江干线共布局31处水上绿色航运综合服务区。这就意味着，未来一段时间，长江沿线将陆续建设一批水上服务区。

1.1.3 过江隧道建设与水上服务区的冲突

根据相关标准规范，水上建（构）筑物选址大多在河道顺直、水深适宜、水量充裕、水流条件良好的优良河段，这使得优良河段、岸线逐渐成为紧缺资源。新建的过江通道与已建涉水设施之间矛盾越发突出，为减小过江通道对船舶通航影响，集约利用资源，遵循"少桥多隧""宜隧则隧"的原则，部分规划新建过江通道采用隧道穿越方式过江。隧道建设将是未来过江通道建设的重要选项，特别是隧道工程建设技术的发展和国家经济实力的增强，使深埋隧道、规避影响、保障安全已成为可能。

由于现有港口、码头、水上服务区、锚地、趸船等涉航建筑物已占用大部分优良的岸线，岸线资源越来越紧张，造成一些新建隧道工程不可避免地穿越水上服务区等涉航建筑物，新建过江通道与已建或规划涉水建（构）筑物争夺优良河段、岸线的矛盾越发突出。这与相关法律、法规、标准、规范以及建筑物安全产生了一定的不适应性。

法律法规明确了在港口范围内不得进行可能危及港口安全的采掘、爆破等活动。因隧道工程建设等确需进行的，必须采取相应的安全保护措施，在不危及港口安全的前提下，经港口行政管理部门批准后方可建设，此外，还应报主管部门批准。同时,现行相关法规在隧道安全保护范围内提出了禁止或限制行为。为有效保护航道资源,隧道若穿越已有或依法规划的航道及港口设施,应先行实施在隧道安全保护范围内提出的禁止或限制行为的规定。

另外,隧道工程选址应遵循通航标准的相关条款,隧道工程安全保护范围内的禁止或限制行为又制约着航运事业的发展,相互制约的目的是降低互相影响及保障运营安全。新建隧道通过的区域受地理条件限制,不能满足通航标准规定选址要求的[《内河通航标准》(GB 50139—2014)]强制性要求隧道工程必须布设在远离滩险、港口和锚地的稳定河段,需妥善处理穿越工程与港航设施之间的关系。

由此,研究过江隧道工程与水上服务区之间的关系,保障水上服务区与穿越工程的安全运营,开展隧道工程穿越水上服务区的影响的研究是十分必要的。

1.2 我国过江通道穿越水上服务区研究现状

受相关法律法规和技术标准的规定,在隧道建设时,尽可能避免与水上服务区、码头、锚地等相冲突,隧道选址时尽可能避免以上涉航设施。因此,现阶段,国内对于隧道工程穿越水上服务区的研究相对较少。

但是,由于一些历史原因,存在一些隧道在现有吨级较小的码头、趸船下方穿越的工程案例,以此开展相关技术研究,研究重点主要是隧道施工过程对已有码头等涉航建筑物结构安全性影响的分析,并采取一定安全措施以保障已有建筑物的安全营运。

学者们已经进行了许多离心试验来研究隧道开挖引起的桩响应。主要集中在砂土中的桩响应。

张宇亭、安晓宇等利用土工离心机开展三维离心模型试验,以江阴第二过江通道隧道工程穿越既有船厂码头为依托,研究了盾构隧道施工开挖对高桩码头群桩的影响,分析了隧道施工过程对群桩结构的受力变形情况,揭示了高桩码头整体稳定状态受隧道影响下的变形规律,其成果一定程度支撑了隧道与下穿码头桩基之间安全间距的确定。

卓发成、陶龙光等提出在上海轨道交通明珠线二期浦东大道杨树浦路站区间盾构隧道穿越上港三区码头时,采取在盾构穿越段江面抛土、严格控制刀盘正面加泥量、控制盾构正面平衡压力和盾构推进速度、设置有效防堵渗水通道等一系列有效的技术措施,并在盾构隧道施工期对穿越码头进行持续监测。监测结果显示,隧道轴线方向地面最大沉降和横向沉降均控制在允许值范围内。

杨才、王世君运用定量及有限元计算分析了地铁保护区范围内涉航作业对地铁隧道结构安全的影响。经有限元分析,1 000吨级沉船传递到隧道顶的荷载、日常护岸维护加固、码头堆载产生荷载均可控制在设计荷载20 kPa内;船舶抛锚、靠离泊码头及锚地船舶停泊对隧道产生的变形均小于20 mm。航道作业对地铁隧道结构影响能满足轨道交通结构安全控制指标值要求。临近码头加固维修及拆除对城市轨道交通安全运营有较大影响,加固方法、桩基施工及拆除工艺需要严格控制,减小挤土效应,减小外部作业对隧道结构的影响。

丁智、张霄等进行了桥桩与地铁隧道的相互近接施工影响及控制保护技术的研究,总结分析涉及的关键问题,包括新建地铁隧道施工对邻近桥桩基础的影响及控制保护技术、桥桩施工对邻近地铁隧道的影响和保护技术等方面。目前,尚缺少全过程施工现场的实测数据分析和基于室内大比尺模型的试验结果探究;施工影响及施工后荷载作用的长期效应研究有待加强;微扰动施工和新兴的控制保护工序体系亟待完善;桥桩与地铁隧道近接施工的影响区域划分和风险分级标准的建立须作进一步的探讨。

根据《内河通航标准》(GB 50139—2014)中第5.3.1条规定:"穿越航道的水下电缆、管道、涵管和隧道等水下过河建筑物必须布设在远离滩险、港口和锚地的稳定河段。"其条文解释中说明"敷设穿过通航水域的水下电缆、涵管、油气管道、隧道等水下过河建筑物,应避免同船舶抛锚、靠离泊码头作业、疏浚、航道整治等的相互影响,因此其选址应避开滩险、港口和锚地"。

在2020年颁布的《长江干线通航标准》(JTS 180-4—2020)中第5.3.2条规定:"水下过河建筑物宜避开码头、船台滑道和锚地、停泊区、水上综合服务区等,满足相关设施正常作业和水下过河建筑物安全保护的要求。"第5.3.4条规定:"当水下过河建筑物不能避开码头、船台滑道和锚地、停泊区、水上综合服务区时,应考虑河床极限冲刷、船舶抛锚贯入和冲击力影响深度、码头建设和改造工程等因素,开展专题论证,增加合理的竖向埋置深度,必要时还应采取相应的安全保障措施。"《长江干线通航标准》对隧道穿越码头、水上综合服务区提出了开展专题论证的明确规定。

目前,水上服务区属于新兴发展涉水设施,隧道形式的过江通道正在快速发展。长江隧道穿越水上服务区的研究很少,且相关类似工程研究主要从技术层面上分析其影响,尚没有从法律法规层面进行相关解释分析其协调性。从法律释义方面寻求可行性和应采取的相关保障措施。因此,有必要从法律标准层面和技术层面研究过江隧道工程对水上服务区的影响。

1.3 本书主要研究内容

本书依托武汉市轨道交通11号线四期工程(隧道)穿越杨泗港区中长燃(中石化长江燃料公司)绿色航运综合服务区工程,充分收集相关通航环境、底质、水文等基础资料,采用调查研究、理论分析、数值模拟和物理模拟相结合的手段,开展隧道工程对水上服务的技术影响研究。

从保护范围和限制行为、隧道选址、埋置深度等方面,解读法律法规和标准规范对隧道与水上服务区相互影响的要求,对隧道工程穿越水上服务区的可行性进行分析。结合工程地质条件、通航环境分析、极限冲刷深度、船舶应急抛锚/拖锚贯入深度、船舶沉船等因素综合论证隧道埋深要求,全面分析隧道穿越水上服务区方案可行性,提出隧道穿越工程对隧道深度要求、工程防护措施、安全管理等相关保障措施。

1) 法律法规风险、工程风险研究

研究目的:宏观分析隧道工程穿越服务区与法律法规、标准规范的符合性，明确隧道穿越水上服务区的可能性，分析工程与水上服务区相互交叉影响的风险。

研究内容：

(1) 针对水上服务区，深化梳理有关法律法规、国内外标准规范、工程案例研究。

(2) 结合调研，在已开展类似工作基础上，分析隧道穿越水上服务区相关法律法规风险。

(3) 针对工程建设与法律规范符合性，提出相应解决问题的思路或途径。

(4) 隧道穿越服务区一定程度改变工程了水域通航环境，可能与服务区码头基础、船舶抛锚或拖锚作业等产生相互影响，开展工程附近通航环境、涉水建筑结构形式、船舶流量等研究，分析隧道穿越工程与附近水上服务区相互交叉影响的风险因素。

2) 隧道对水上服务区设施受力与变形研究

研究目的：研究隧道建设对水上服务区结构安全影响程度，为评估隧道对水上服务区设施影响提供支撑。

研究内容：

施工期可能对水上服务区码头及相邻构筑物受力与变形产生影响，拟通过数值模拟试验，分析特定埋深、间距参数条件下受力和变形规律，分析论证隧道穿越对水上服务区建筑物的影响程度。

3) 水上服务区水域水上活动对隧道影响研究

研究目的：研究运营期水上服务区水域船舶作业对隧道影响程度，为研究水上服务区对隧道影响提供支撑。

研究内容：

(1) 船舶应急抛锚/拖锚对隧道安全影响。隧道穿越水上服务区水域，水上服务区船舶运营过程中可能发生船舶应急抛锚/拖锚作业，抛锚/拖锚过程中会击穿部分土层，拟通过锚击试验进一步研究工程位置不同锚重、水深的抛锚/拖锚入土深度和应力变化规律。

(2) 船舶沉船对隧道安全影响。不排除水上服务区水域发生船舶沉船事故，拟利用数值模型开展沉船对隧道工程的影响研究，研究特定埋深条件下过江隧道的应力、变形响应及分布规律，分析船舶沉船对隧道工程的影响。

第 2 章

法律法规技术标准对隧道与水上服务区影响研究

从法律法规和技术标准角度解析隧道保护范围及限制行为、隧道选址要求及隧道埋置要求,判断隧道穿越水上服务区行为可行性,提出安全保障措施。

2.1 法律法规技术标准对保护范围及限制行为的要求

2.1.1 航道保护范围及限制行为的要求

1)《中华人民共和国航道法》

第二条 本法所称航道,是指中华人民共和国领域内的江河、湖泊等内陆水域中可以供船舶通航的通道,以及内海、领海中经建设、养护可以供船舶通航的通道。航道包括通航建筑物、航道整治建筑物和航标等航道设施。

第二十四条 新建、改建、扩建(以下统称建设)跨越、穿越航道的桥梁、隧道、管道、缆线等建筑物、构筑物,应当符合该航道发展规划技术等级对通航净高、净宽、埋设深度等航道通航条件的要求。

第二十六条 在航道保护范围内建设临河、临湖、临海建筑物或者构筑物,应当符合该航道通航条件的要求。

第二十八条 建设与航道有关的工程,建设单位应当在工程可行性研究阶段就建设项目对航道通航条件的影响作出评价,并报送有审核权的交通运输主管部门或者航道管理机构审核。

第三十五条　禁止下列危害航道通航安全的行为：

（一）在航道内设置渔具或者水产养殖设施的；

（二）在航道和航道保护范围内倾倒砂石、泥土、垃圾以及其他废弃物的；

（三）在通航建筑物及其引航道和船舶调度区内从事货物装卸、水上加油、船舶维修、捕鱼等，影响通航建筑物正常运行的；

（四）危害航道设施安全的；

（五）其他危害航道通航安全的行为。

2）分析认识

航道包括通航建筑物、航道整治建筑物和航标等航道设施。《中华人民共和国航道法》要求在航道保护范围内建设建（构）筑物，应当符合该航道通航条件的要求。隧道工程穿越航道时，在工程可行性研究阶段就建设项目按航道发展规划技术等级对航道通航条件的影响作出评价，埋设深度应当符合该航道发展规划技术等级对航道通航条件的要求，并由审核权的交通运输主管部门或者航道管理机构审核。

2.1.2　港口范围及限制行为的要求

1）《中华人民共和国港口法》

第三条　本法所称港口，是指具有船舶进出、停泊、靠泊，旅客上下，货物装卸、驳运、储存等功能，具有相应的码头设施，由一定范围的水域和陆域组成的区域。

第十六条　港口建设使用土地和水域，应当依照有关土地管理、海域使用管理、河道管理、航道管理、军事设施保护管理的法律、行政法规以及其他有关法律、行政法规的规定办理。

第三十七条　禁止在港口水域内从事养殖、种植活动。

不得在港口进行可能危及港口安全的采掘、爆破等活动；因工程建设等确需进行的，必须采取相应的安全保护措施，并报经港口行政管理部门批准。港口行政管理部门应当将审批情况及时通报海事管理机构，海事管理机构不再依照有关水上交通安全的法律、行政法规的规定进行审批。

禁止向港口水域倾倒泥土、砂石以及违反有关环境保护的法律、法规的规定排放超过规定标准的有毒、有害物质。

2) 分析认识

港口是由一定范围的水域和陆域组成的特定区域,港口水域包括港口内的航道、港池、锚地等一定范围的水上区域;港口陆域,包括码头上的装卸作业区、港口堆场、候船室等发挥港口功能所必不可少的与码头前沿水域相连接的一定范围的陆上区域。《中华人民共和国港口法》明确了在港口范围内不得进行可能危及港口安全的采掘、爆破等活动;因隧道工程建设等确需进行的,必须采取相应的安全保护措施不危及港口安全的前提下,经港口行政管理部门批准后方可建设。

2.1.3 隧道保护范围及限制行为的要求

1) 公路隧道保护范围及限制行为的要求

(1)《中华人民共和国公路法》

第四十七条 在大中型公路桥梁和渡口周围 200 m、公路隧道上方和洞口外 100 m 范围内,以及在公路两侧一定距离内,不得挖砂、采石、取土、倾倒废弃物,不得进行爆破作业及其他危及公路、公路桥梁、公路隧道、公路渡口安全的活动。

在前款范围内因抢险、防汛需要修筑堤坝、压缩或者拓宽河床的,应当事先报经省、自治区、直辖市人民政府交通主管部门会同水行政主管部门批准,并采取有效的保护有关的公路、公路桥梁、公路隧道、公路渡口安全的措施。

(2)《公路安全保护条例》

第十七条 禁止在下列范围内从事采矿、采石、取土、爆破作业等危及公路、公路桥梁、公路隧道、公路渡口安全的活动:

① 国道、省道、县道的公路用地外缘起向外 100 m,乡道的公路用地外缘起向外 50 m;

② 公路渡口和中型以上公路桥梁周围 200 m;

③ 公路隧道上方和洞口外 100 m。

在前款规定的范围内,因抢险、防汛需要修筑堤坝、压缩或者拓宽河床的,应当经省、自治区、直辖市人民政府交通运输主管部门会同水行政主管部门或者流域管理机构批准,并采取安全防护措施方可进行。

(3) 分析认识

《中华人民共和国公路法》和《公路安全保护条例》规定在公路隧道上方和洞口外 100 m 范围内为安全保护范围。保护范围内不得挖砂、采石、取土、倾倒废弃物、采矿,不得进行爆破作业及其他危及公路隧道安全的活动。通过分析可知,立法的本义是保障隧道的营运安全。若通过研究证明水上服务区营运(包括船舶航行进出、靠泊、停泊、船舶抛锚)对隧道运营安全无影响,可以在公路隧道保护范围内进行码头营运活动。

由于保护范围内不得进行挖砂、取土活动,根据《中华人民共和国航道法》的要求,为有效地保护航道资源,应按照航道发展技术等级要求的航道尺度,先于隧道建设在隧道外缘上下游各 100 m 范围内进行航道整治工程(包括炸礁、航道整治建筑物、导流构筑物、基建性航槽施工等),其航道整治方案应征询航道管理部门的意见。

2) 铁路隧道保护范围及限制行为的要求

(1)《中华人民共和国铁路法》

第四十六条 在铁路线路和铁路桥梁、涵洞两侧一定距离内,修建山塘、水库、堤坝,开挖河道、干渠,采石挖砂,打井取水,影响铁路路基稳定或者危害铁路桥梁、涵洞安全的,由县级以上地方人民政府责令停止建设或者采挖、打井等活动,限期恢复原状或者责令采取必要的安全防护措施。

在铁路线路上架设电力、通信线路,埋置电缆、管道设施,穿凿通过铁路路基的地下坑道,必须经铁路运输企业同意,并采取安全防护措施。

(2)《铁路安全管理条例》

第二十七条 铁路线路两侧应当设立铁路线路安全保护区。铁路线路安全保护区的范围,从铁路线路路堤坡脚、路堑坡顶或者铁路桥梁(含铁路、道路两用桥,下同)外侧起向外的距离分别为:

① 城市市区高速铁路为 10 m,其他铁路为 8 m;

② 城市郊区居民居住区高速铁路为 12 m,其他铁路为 10 m;

③ 村镇居民居住区高速铁路为 15 m,其他铁路为 12 m;

④ 其他地区高速铁路为 20 m,其他铁路为 15 m。

前款规定距离不能满足铁路运输安全保护需要的,由铁路建设单位或者铁路运输企业提出方案,铁路监督管理机构或者县级以上地方人民政府依照本条第三款规定程序划定。

在铁路用地范围内划定铁路线路安全保护区的,由铁路监督管理机构组织铁路建设单位或者铁路运输企业划定并公告。在铁路用地范围外划定铁路线路安全保护区的,由县级以上地方人民政府根据保障铁路运输安全和节约用地的原则,组织有关铁路监督管理机构、县级以上地方人民政府国土资源等部门划定并公告。

铁路线路安全保护区与公路建筑控制区、河道管理范围、水利工程管理和保护范围、航道保护范围或者石油、电力以及其他重要设施保护区重叠的,由县级以上地方人民政府组织有关部门依照法律、行政法规的规定协商划定并公告。

新建、改建铁路的铁路线路安全保护区范围,应当自铁路建设工程初步设计批准之日起 30 日内,由县级以上地方人民政府依照本条例的规定划定并公告。铁路建设单位或者铁路运输企业应当根据工程竣工资料进行勘界,绘制铁路线路安全保护区平面图,并根据平面图设立标桩。

第三十四条 在铁路线路两侧从事采矿、采石或者爆破作业,应当遵守有关采矿和民用爆破的法律法规,符合国家标准、行业标准和铁路安全保护要求。

在铁路线路路堤坡脚、路堑坡顶、铁路桥梁外侧起向外各 1 000 m 范围内,以及在铁路隧道上方中心线两侧各 1 000 m 范围内,确需从事露天采矿、采石或者爆破作业的,应当与铁路运输企业协商一致,依照有关法律法规的规定报县级以上地方人民政府有关部门批准,采取安全防护措施后方可进行。

(3) 分析认识

《中华人民共和国铁路法》明确了在铁路线路和铁路桥梁、涵洞两侧一定距离内影响铁路路基稳定或者危害铁路桥梁、涵洞安全的活动属于禁止性行为，但在采取必要的安全保护措施保障铁路安全的前提下，经铁路运输企业同意后可以进行。《铁路安全管理条例》规定该设定了铁路线路两侧安全保护区范围，高速铁路及其他铁路所处不同区域的保护范围从铁路线路路堤坡脚、路堑坡顶或者铁路桥梁外侧起向外的距离分别为 8~20 m。该条款明确了在铁路线路和铁路桥梁、涵洞两侧一定距离内影响铁路路基稳定或者危害铁路桥梁、涵洞安全的活动属于禁止性行为，但在采取必要的安全保护措施保障铁路安全的前提下，经铁路运输企业同意后可以进行。

《铁路安全管理条例》规定铁路隧道上方中心线两侧各 1 000 m 范围内，确需从事露天采矿、采石或者爆破作业的，应当与铁路运输企业协商一致，依照有关法律法规的规定报县级以上地方人民政府有关部门批准，采取安全防护措施后方可进行。因此，认为航道、港口建设时涉及的水下炸礁作业若在该规定的范围内，为有效地保护航道资源，建议按照航道发展规划技术等级要求的航道尺度，先于隧道建设进行航槽炸礁施工，其航道整治方案应征询航道管理部门的意见。

2.1.4 地方管理条例对隧道保护范围及限制行为的要求

1)《南京市长江桥梁隧道条例》

（1）第十条内容分析

内容：

第十条 市交通运输行政主管部门应当按照下列规定划定长江桥梁隧道安全保护区：

① 公路桥梁主桥和引桥下空间及垂直投影面外侧 200 m 范围内的水域、100 m 范围内的陆域，隧道盾构段上方垂直区域及隧道区间两侧各 200 m，隧道明挖暗埋段上方垂直区域及结构边线两侧 100 m 范围内的区域；

② 城市桥梁主桥和引桥下空间及垂直投影面外侧 200 m 范围内的水域、80 m 范围内的陆域，隧道盾构段上方垂直区域及隧道区间两侧各 200 m，隧道明挖暗埋段上方垂直区域及结构边线两侧 70 m 范围内的区域。

分析：该条款明确了南京市长江桥梁隧道范围，长江隧道安全保护区范围为隧道盾构段上方垂直区域及隧道区间 200 m，隧道明挖暗埋段上方垂直区域及结构边线两侧各 100 m 范围内。

(2) 第三十六条内容分析

内容：

第三十六条　长江桥梁隧道安全保护区内，禁止下列行为：

① 存放易燃易爆、剧毒、放射性等危险物品；

② 擅自从事采石、采矿、挖掘、取土、爆破等可能危及长江桥梁隧道安全的活动；

③ 法律、法规禁止的其他行为。

分析：该条款明确了南京市长江桥梁隧道安全保护区内禁止进行危及隧道安全的行为。

(3) 第三十七条内容分析

内容：

第三十七条　锚地设置应当避让长江桥梁隧道安全保护区，桥梁下方或者隧道上方不得设置锚地，并设置禁锚标志。

新建长江桥梁隧道确需穿越锚地的，应当由市交通运输行政主管部门组织开展可行性评审。

分析：正常情况下，桥梁、隧道选址应远离锚地，避免相互影响。但是，针对长江南京段优良岸线和锚地资源越来越紧张的突出问题，需充分考虑选址困难实际情况，在一定条件下允许桥梁隧道穿越锚地，前提是由市交通运输行政主管部门组织开展可行性评审。

(4) 第三十八条内容分析

内容：

第三十八条　实施下列活动应当开展安全技术评估，经市交通运输行政主管部门同意，采取保护措施后方可施工：

① 因修建铁路、机场、通信、供电、水利、市政配套设施等建设工程需要，在长江桥梁隧道安全保护区内从事地面堆载、基坑开挖、桩基施工、结构物顶进、灌浆等占用、挖掘活动；

② 跨越、穿越长江桥梁隧道建设管廊或者架设、埋设管线等设施；

③ 依附长江桥梁隧道架设管线。

前款行为可能影响交通安全的,还应当征得公安机关交通管理部门同意。

分析:该条款明确了南京市隧道安全保护区内进行的限制性活动施工作业时,需要开展安全技术评估,并经市交通运输行政主管部门同意。

2)《长沙市城市桥梁隧道安全管理条例》

内容:

第十三条 在城市桥梁、隧道安全保护区范围内禁止下列行为:

① 从事采砂、取土、挖掘、爆破等危及城市桥梁、隧道安全的作业或者活动;

② 生产、储存、销售爆炸性、腐蚀性等危险物质;

③ 在城市桥梁安全保护区范围内捕鱼、泊船;

④ 其他危及城市桥梁、隧道安全的行为。

在城市桥梁、隧道安全保护区范围内架(铺)设、迁改、维护管线的,按照本条例第十条执行。

城市桥梁安全保护区是指桥梁下的空间和桥梁主体垂直投影面两侧各一定范围内的区域;跨江河桥梁两侧各 200 m 范围内的水域、50 m 范围内的陆域;立交桥、高架桥和人行天桥两侧各 5 m 范围内的陆域。

城市隧道安全保护区是指在隧道结构外边线外侧 100 m 范围内的区域。

分析:该条款明确了长沙市城市隧道安全保护区为隧道结构外边线外侧 100 m 内,该范围内不得从事危及隧道安全的活动,如采砂、取土、挖掘、爆破等。

3)《厦门市大型桥梁隧道管理办法》

(1) 第十三条内容分析

内容:

第十三条 禁止在大型桥梁、隧道的安全保护区内从事下列行为:

① 挖沙、采石、采矿、取土、倾倒废弃物、实施爆破作业;

② 设立易燃易爆仓库、存放危险化学品;

③ 养殖、停泊船舶。

在大型桥梁、隧道的安全保护区内依法设有码头可以停靠船舶的,不受前款规定的限制。但船舶停靠时应当采取安全措施,确保不会对大型桥梁、隧道造成安全隐患。

前两款所称安全保护区,是指大桥主桥垂直投影面两侧各 200 m、引桥垂直投影面两侧各 60 m 范围内的陆域和水域,立交桥、引道垂直投影面两侧各 30 m 范围内的陆域,以及隧道管段轴线两侧及洞口外各 100 m 范围内予以保护的区域。

分析:该条款明确了厦门市隧道安全保护区范围为隧道管段轴线两侧及洞口外各 100 m 范围内予以保护的区域,并提出采取安全措施,确保在码头船舶锚泊等作业不会对隧道造成安全隐患的前提下,可以允许隧道安全保护区内从事特定的限制性行为。

(2) 第十四条内容分析

内容:

第十四条 非经依法审批,不得在大型桥梁、隧道的安全保护区内从事下列行为:

① 修建建筑物或构筑物;

② 经营加油站、加气站;

③ 打桩、挖掘、顶进、埋设水底管线、电缆设施;

④ 其他可能危及大型桥梁、隧道及其附属设施安全的活动。

分析:该条款明确了隧道安全保护区内,经主管部门会同其他有关行政部门依法审批后可进行打桩、挖掘等行为,但须采取安全措施,确保该行为不会对隧道造成安全隐患。

4)《青岛胶州湾隧道管理办法》

(1) 第十七条内容分析

内容:

第十七条 隧道上方、沿线两侧各 100 m 范围和洞口外沿 100 m 范围内属于隧道安全保护区。市城乡建设行政主管部门应当会同有关部门、经营单位公布安全保护区范围。

分析:该条款明确了青岛市隧道安全保护区范围为隧道上方、沿线两侧各 100 m 范围和洞口外沿 100 m 范围。

(2) 第十八条内容分析

内容:

第十八条 在安全保护区内不得从事下列活动：

① 新建、改建、扩建影响隧道安全的建(构)筑物；

② 设立加油站、加气站；

③ 存放易燃易爆品和危险化学品；

④ 爆破、钻探、锚泊、挖砂(沙)、采石、采矿、取土；

⑤ 可能危及隧道及其附属设施安全的水下施工、山体改造等活动。

分析：该条款明确了隧道安全保护区内不得从事危及隧道安全的活动。

5) 上海市市政行业标准——《城市桥梁、隧道安全保护区域技术标准》

(1) 第3.3.1～3.3.3条内容分析

内容：

第3.3.1条 城市桥梁、隧道安全保护区域应根据施工作业行为的类别与桥梁、隧道分类进行划分，包括基坑工程、桩基工程、疏浚工程、爆破工程、堆载或卸载工程安全保护区域等。

第3.3.2条 基坑工程安全保护区域分别应按表2.1-1确定。

表2.1-1 按基坑工程划分的隧道安全保护区域

隧道类型	隧道安全保护区域(m)		
	一级基坑	二级基坑	三级基坑
超长隧道、特长隧道、长隧道	60	55	50
中隧道	55	50	45
短隧道	50	45	40

第3.3.3条 桩基工程安全保护区域分别应按表2.1-2确定。

表2.1-2 按桩基工程划分的隧道安全保护区域

隧道类型	隧道安全保护区域(m)	
	挤土桩	非挤土桩
超长隧道、特长隧道、长隧道	70	35
中隧道	60	30
短隧道	50	25

释义：

第3.3.2～3.3.3条 上海市第十届人民代表大会常务委员会于1994年8月25日通过的《上海市城市道路桥梁管理条例》规定："城市桥梁安全保护区域是指桥梁垂直投影面两侧各10 m至各60 m范围内的水域或者陆域。"多数地方政府所规定的安全保护区域范围和上海市的规定基本相同，如深圳市和无锡市等均将安全保护区域划定在60 m的范围。

如本条文说明第3.2.2条所述，目前一些超大超深基坑开挖的影响范围可能超出现行有关规定为城市桥梁或隧道所确定的安全保护范围。同时为了更好地执行城市道路管理条例的有关规定，应当按照不同结构、不同类型城市桥梁，划定城市桥梁的安全保护区域，为在城市桥梁安全保护区范围内实施工程作业的建设单位或者施工单位提供服务。

基坑开挖具有一定的影响范围，且在其影响范围内不同位置的地表沉降量并不相同。桥梁、隧道距离基坑的距离会显著地影响着周边桥梁、隧道的变形量，并且主要由地表沉降的性状决定。

通过对上海软土地区若干基坑工程的墙后地表沉降数据进行了统计分析，结果如图2.1-1所示。实测数据统计发现基坑的墙后最大地表沉降一般发生于$0 \sim 1.0H$处，并大约在$1.0H \sim 4.0H$（H为基坑开挖深度）的范围内逐渐衰减。

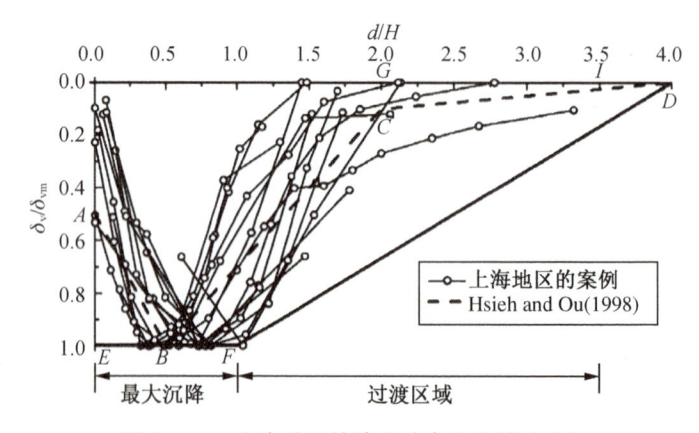

图2.1-1 上海地区的墙后地表沉降统计分析

城市桥梁、隧道安全保护范围直接影响到有关方面的建设投资，应当合理的确定安全保护范围,既要充分保证城市桥梁的安全性,又不至于盲目扩大保护范围内相关工程的建设投资。根据以上研究成果,可将基坑开挖施工作业的安全保护范围定为 3.0H(H 为基坑开挖深度),对常见的 25 m 以内的深基坑,相应的最大安全保护区域为 75 m。

需要注意的是,对开挖深度超过 25 m 的超深基坑,其最大安全保护区域可适当增加,按 3H 确定。

在沉桩过程中,由于沉桩产生的挤土效应,破坏了桩周土体的原来状态,产生很高的附加应力,使土体向周围位移,并向上隆起,给邻近既有结构带来很大影响,甚至使之破坏。在既有桥梁、隧道的邻近打桩时,沉桩的挤土效应对桥梁、隧道也将产生明显的不利影响。桩的挤土机理非常复杂,它除与建筑场地土的性质有关外,还与桩的数量、分布的密度、打桩的顺序、打桩的速度等因素有关;在同一测点上,水平位移一般比竖向位移大;群桩挤土的影响范围比单桩更大。

根据国内外研究成果与上海地区的工程实践经验,沉桩挤土效应的影响范围距桩基边缘的水平距离大约为 $(1.0\sim1.5)l$(l 为桩的入土深度)。按入土深度 70 m 的打入桩计算,可以推算出沉桩挤土效应的影响范围在 80 m 左右,据此确定相应的最大安全保护区域为 80 m。对非挤土桩,考虑到其影响范围较小,对其安全保护区域进行了适当减小。

此外,对于列为上海市近代优秀保护建筑或文物的桥梁,需提高保护等级,按大桥划定保护区域,并应进行专项设计,经评审通过后方可实施。

城市隧道保护区域的确定要复杂得多,对此部分地方政府制定了一些标准或管理办法,主要有:

浙江省人民政府 2005 年颁布的《宁波市水底隧道管理办法》第十八条规定:在甬江隧道两侧边沟外缘各 15 m 范围内和常洪隧道引道中心线两侧各 30 m 范围内,除因公路防护、养护需要外,禁止修建建筑物和地面构筑物。

广州市人民政府 1997 年颁布的《广州市市政设施管理条例》规定隧道安全保护区域是指桥梁隧道上下游或周围各 50 m 范围水域和规划红线内的陆域。

2005 年《南京市轨道交通管理办法》划定轨道交通安全保护区和特别保

护区。其中安全保护区的范围为：地下车站和隧道结构边线两侧各 50 m 内；地下车站和高架车站以及线路轨道外边线各 30 m 内；出入口、通风亭、变电站等建(构)筑物外边线外侧各 10 m 范围内。特别保护区的范围为：地下工程(车站、隧道等)结构边线外侧 5 m 内；车站及高架线路工程结构水平投影外侧 3 m 内等。

1998 年施行的《上海市地下铁道管理条例》第二十九条规定地铁的安全保护区的范围如下：①地下车站与隧道外边线外侧 50 m 内；②地面车站和高架车站以及线路轨道外边线外侧 30 m 内；③出入口、通风亭、变电站等建筑物、构筑物外边线外侧 10 m 内。

在 2004 年颁布的《上海市地铁沿线建筑施工保护地铁技术管理暂行规定》中，还规定在地铁工程(外边线)两侧的邻近 3 m 范围内不能进行任何工程。

城市隧道安全保护区域的确定主要依据《上海市地下铁道管理条例》和《上海市地铁沿线建筑施工保护地铁技术管理暂行规定》的有关规定，考虑到目前工程实际中超大基坑与超长桩的出现越来越多，对此类施工作业行为的安全保护区域适当增大，由此得到城市隧道的最大安全保护区域为 70 m，再根据施工作业行为及隧道分类进一步细分。

分析：该条款通过对上海软土地区若干基坑工程的墙后地表沉降数据统计分析后确定了城市隧道的安全保护区，其最大范围为 70 m。

(2) 第 3.3.5 条内容分析

内容：

第 3.3.5 条 对于爆破作业，安全保护区域应为桥梁周围 200 m 或隧道上方、上方中心线两侧和隧道洞口外 100 m 范围。在安全保护区域内实施爆破作业，应制定专项方案，并经评审通过后方可实施。

释义：

第 3.3.5 条 《中华人民共和国公路法》第 47 条规定："在大中型公路桥梁和渡口周围 200 m、公路隧道上方和洞口外 100 m 范围内，以及在公路两侧一定距离内，不得挖砂、采石、取土、倾倒废弃物，不得进行爆破作业及其他危及公路、公路桥梁、公路隧道、公路渡口安全的活动。"据此规定在桥梁上下游200 m范围内是不宜进行爆破作业的。若确因建设工程需要实施爆破作业，应当进行安全作业评估，制定专项方案，并经评审通过后方可实施。

分析：该条款根据《中华人民共和国公路法》的要求，划定了隧道爆破作业安全保护区的范围为隧道上方、上方中心线两侧和隧道洞口外100 m范围，并提出在安全保护区域内实施爆破作业，应制定专项方案，并经评审通过后方可实施。

(3) 第4.0.1条内容分析

内容：

第4.0.1条 在安全保护区域内从事限制性施工作业行为时，应根据保护对象的性质以及施工影响程度，进行专项设计，经评审通过，获得行政许可后方可实施。

释义：

第4.0.1条 随着工程建设规模、建设需求的日益扩大，对安全保护区域内从事限制性施工作业行为的限制性规定需要根据具体情况进行调整。因此，强调应根据保护对象的性质与施工影响程度，在审查部门认为必要时进行有针对性的专项设计，提出相应的保护措施，并经评审通过后方可实施。

分析：

该条款明确了隧道安全保护区内可以从事限制性施工作业行为，但需要进行专项设计，经评审通过，获得行政许可后方可实施。

为了保护隧道建设运营安全，南京市、长沙市、厦门市、青岛市和上海市等地方相继出台了管理条例，对隧道安全保护区划定给出明确要求。《南京市长江桥梁隧道条例》第十条"隧道安全保护区为隧道盾构段上方垂直区域及隧道区间两侧各200 m、隧道口外和连接线两侧边沟外缘或者隔离栅外缘起各100 m范围内"。《长沙市城市桥梁隧道安全管理条例》第十三条第四款"城市隧道安全保护区是指在隧道结构外边线外侧100 m范围内的区域"。《厦门市大型桥梁隧道管理办法》第十三条"隧道的安全保护区为：隧道管段轴线两侧及洞口外各100 m范围内予以保护的区域"。《青岛胶州湾隧道管理办法》第十七条"隧道上方、沿线两侧各100 m范围和洞口外沿100 m范围内属于隧道安全保护区"。上海市市政行业标准——《城市桥梁、隧道安全保护区域技术标准》中规定隧道安全保护区域最大值为 70 m。

不同地方管理条例对隧道安全保护区内的限制/禁止性行为的类型和要求严格程度不一。

表 2.1-3 地方条例关于隧道保护区及限制性作业的要求一览表

序号	条例	保护区范围	限制性行为、活动规定
1	《南京市长江桥梁隧道条例》	隧道盾构段上方垂直区域及隧道区间两侧各 200 m 范围内	需要开展安全技术评估,并经市交通运输行政主管部门同意
2	《长沙市城市桥梁隧道安全管理条例》	城市隧道安全保护区是指在隧道结构外边线外侧 100 m 范围内的区域	禁止下列行为:从事采砂、取土、挖掘、爆破等行为
3	《厦门市大型桥梁隧道管理办法》	隧道管段轴线两侧及洞口外各 100 m 范围内	禁止:挖沙、采石、采矿、取土、倾倒废弃物、实施爆破作业;养殖、停泊船舶。隧道安全保护区内依法设有码头可以停靠船舶的,不受限制。但船舶停靠时应当采取安全措施,确保不会对隧道造成安全隐患
4	《青岛胶州湾隧道管理办法》	隧道上方、沿线两侧各 100 m 范围内	在安全保护内不得设立加油站、加气站、锚泊、挖砂(沙)、采石、采矿、取土等活动
5	上海市市政行业标准——《城市桥梁、隧道安全保护区域技术标准》	城市隧道的安全保护区,其最大范围为 70 m	在安全保护区域内从事限制性施工作业行为时,应根据保护对象的性质以及施工影响程度,进行专项设计,经评审通过,获得行政许可后方可实施

2.1.5 小结

(1) 现行相关法律法规没有条文明确规定隧道穿越的水上服务区水域及其保护范围内禁止船舶抛锚及拖锚的条款,但在航道保护范围内隧道埋设深度、宽度要与航道发展规划技术等级相适应。因此,可以理解为"隧道穿越的水上服务区水域其保护范围内隧道的埋设深度、宽度应与水上服务区规划相适应"。

《中华人民共和国航道法》未禁止在航道保护范围内建设隧道工程,隧道建设应符合航道通航条件要求;《中华人民共和国港口法》未禁止在港口范围内建设隧道工程,采取相应安全保障措施不危及港口安全。

(2) 公路、铁路现行相关法律法规没有条文明确规定在其保护范围内禁止船舶抛锚及拖锚的条款,但在航道保护范围内隧道埋设深度、宽度要与航道发展规划技术等级相适应。

公路、铁路现行相关法规在隧道安全保护范围内提出了禁止或限制行为,为有效保护航道资源,隧道若穿越已有或依法规划的航道及港口设施,应先行实施隧道安全保护范围内提出的禁止或限制行为。公路隧道上方和洞口外100 m范围内航道整治工程(包括炸礁、航道整治建筑物、导流构筑物、基建性航道疏浚等),以及铁路隧道上方中心线两侧各1 000 m范围内石质河床、礁石等碍航滩险工程,应先于隧道或同步实施。

(3) 部分地方管理条例规定隧道穿越既有建(构)筑物时,可有条件地限制隧道保护范围内的禁止或限制行为,其防护方案、保障措施等相关材料由专家进行评审论证,论证其技术上的可行性;部分地方管理条例对隧道安全保护区内从事影响隧道安全的作业提出了要求,多数地方要求需行政许可的,就作业方案和安全防护方案应书面征求隧道建设或者运营单位的意见;无须行政许可的,作业单位或个人书面征求或通知隧道建设或者运营单位。

2.2 法律法规技术标准相关规定对隧道选址要求

2.2.1 相关法律法规的要求

1)《中华人民共和国航道法》

第十四条 进行航道工程建设应当维护河势稳定,符合防洪要求,不得危及依法建设的其他工程或者设施的安全。因航道工程建设损坏依法建设的其他工程或者设施的,航道建设单位应当予以修复或者依法赔偿。

释义:

本条是关于航道工程建设应当符合防洪要求,不得危及其他工程的规定。

本条包含两方面的规定:一是进行航道工程建设应当维护河势稳定,符合防洪要求;二是进行航道工程建设不得危及其他工程。

(1) 关于维护河势稳定,符合防洪要求

防洪在我国水资源综合开发利用中一直居于相当重要的地位。维护河势稳定、保障防洪要求是航道建设工程的重要目标之一,航道工程建设也必须维护河势稳定、确保防洪要求。其他法律对此已有明文规定,如《中华人民共和国防洪法》第二十条规定:"整治河道、湖泊,涉及航道的,应当兼顾航运需要,并事先征求交通主管部门的意见。整治航道,应当符合江河、湖泊防洪安全要求,并事先征求水行政主管部门的意见。"本法第三条也相应作出规定,要求建设航道应当服从防洪总体安排。

在实际工作中,航道建设工程在项目立项审批阶段,就需要考虑防洪要求,避免影响河势稳定、妨碍行洪畅通,水行政主管部门对此要依法进行审查,确保航道建设工程不会影响河势稳定,能够满足防洪要求。

(2) 关于不得危及其他工程

水流的自然特点,往往会导致一处出事,殃及多处。航道工程建设在整个建设过程中都要树立高度的安全意识,不仅要注意自身安全,更要考虑上下游、左右邻,以及其他可能受到航道建设影响的方方面面。不能因为自身建设而殃及他处,特别是依法建设的其他工程和设施的安全。对此,《中华人民共和国航道管理条例》第十二条已有规定:"建设航道及其设施,不得危及水利水电工程、跨河建筑物和其他设施的安全。因建设航道及其设施损坏水利水电工程、跨河建筑物和其他设施的,建设单位应当给予赔偿或者修复。"本条规定吸收了《中华人民共和国航道法》中的相应内容。防洪和安全涉及面广,必须予以高度重视,本条规定作为本章的最后一条,对此再次予以强调。在航道法的实施和执行中,对此规定必须予以严格遵守。

分析：

该条款对航道建设时的要求做出明确说明，在释义中详细分析了航道建设需要维护河势稳定，符合防洪要求，并不得危及其他工程的理由。如有影响，航道建设单位应当给予赔偿或者修复。因此认为穿越航道的隧道建设时应该充分考虑工程河段航道未来发展，避免隧道建成后，航道建设受到影响。

2)《中华人民共和国港口法》

第三十八条 建设桥梁、水底隧道、水电站等可能影响港口水文条件变化的工程项目，负责审批该项目的部门在审批前应当征求港口行政管理部门的意见。

分析：

该条款明确了当隧道工程建设可能引起港口水文条件变化时，负责审批该项目的部门在审批前应当征求港口行政管理部门的意见。

3)《中华人民共和国航道管理条例》

第十三条 航道和航道设施受国家保护，任何单位和个人均不得侵占或者破坏。交通部门应当加强对航道的养护，保证航道畅通。

分析：

该条款明确了航道及其设施是受国家法律保护的，任何单位和个人均不得侵占或者破坏，修建隧道工程不得侵占或者破坏航道和航道设施。

第十四条 修建与通航有关的设施或者治理河道、引水灌溉，必须符合国家规定的通航标准和技术要求，并应当事先征求交通主管部门的意见。

分析：

该条款明确了修建隧道工程前应当事先征求交通主管部门的意见。

第十七条 对通航河流上碍航的闸坝、桥梁和其他建筑物以及由建筑物所造成的航道淤积，由地方人民政府按照"谁造成碍航谁恢复通航"的原则，责成有关部门改建碍航建筑物或者限期补建过船、过木、过鱼建筑物，清除淤积，恢复通航。

分析：

该条款明确列出影响航道通航安全的各种行为，在释义中详细分析了上述行为对航道通航安全影响的原因。因此笔者认为在隧道建设过程中影响到航道通航安全时,应该按照"谁造成碍航谁恢复通航"的原则,责成涉事单位限期内恢复航道通航,并承担相应责任。

4)《中华人民共和国航道管理条例实施细则》

第十八条 修建与通航有关的设施,或者治理河道、引水灌溉,必须符合国家规定的通航标准和有关的技术要求,以及交通运输部和各省、自治区、直辖市人民政府颁发的有关技术标准、规范的规定,不得影响航道尺度,恶化通航条件,不得危害航行安全。与通航有关设施的设计文件中有关航道的事项应当事先征得航道主管部门同意。

任何单位和个人有违反前款规定行为的,航道主管部门有权制止;如工程已经实施,造成断航或者恶化通航条件后果的,建设单位或者个人应当承担赔偿责任,并在航道主管部门规定的期限内拆除设施,恢复原有通航条件或者采取其他补救措施。

分析:

该条款明确了修建隧道工程的设计文件中有关航道的事项应当事先征求交通主管部门的意见。

第二十条 在原有通航河流上因建闸坝、桥梁和其他建筑物,造成断航、碍航、航道淤塞的,应当由航道主管部门根据通航需要,提出复航规划、计划,或者解决办法,按管辖权限报经相应级别人民政府批准,由地方人民政府本着"谁造成碍航谁恢复通航"的原则,责成有关部门限期补建过船、过木、过鱼建筑物,改建或者拆除碍航建筑物,清除淤积,恢复通航和原有通航条件。属于中央掌管的建设项目,由交通运输部与有关部协商责成办理。

分析:

该条款明确了隧道建设不能影响航道尺度、恶化通航条件,不得危害航行安全,并应事先征得航道主管部门同意,如因隧道建设而产生碍航,隧道建设部门需改建或者拆除碍航建筑物,清除淤积,恢复通航和原有通航条件。

第二十四条 在通航河道的管理范围内,水域和土地的利用应当符合航运的要求,岸线的利用和建设,应当服从河道整治规划和航道整治规划。

为确保航道畅通,航道管理机构有权制止在航道滩地、岸坡进行引起航道恶化、不利于航道维护及有碍安全航行的堆填、挖掘、种植、构筑建筑物等行为,并可责成清除构筑的设施和种植的植物。

分析:

该条款明确了在通航河道的管理范围内,隧道建设应当符合航运的要求,应当服从河道整治规划和航道整治规划。

5)分析认识

《中华人民共和国航道法》第十四条规定航道工程建设不得危及依法建设的其他工程或者设施的安全,航道工程整个建设过程中都要树立高度的安全意识,不仅要注意自身安全,更要考虑上下游、左右邻,以及其他可能受到航道建设影响的方方面面。不能因为自身建设而殃及他处,特别是依法建设的其他工程和设施的安全。

根据《中华人民共和国港口法》,码头和锚地是港口基础设施,受港口法保护;《中华人民共和国港口法》对穿越港口水域和陆域的工程选址没有相关条法规定,但第三十七条规定"不得在港口进行可能危及港口安全的采掘、爆破等活动",同时还规定"因工程建设等确需进行的,必须采取相应的安全保护措施,并报经港口行政管理部门批准;依照有关水上交通安全的法律、行政法规的规定须经海事管理机构批准的,还应当报经海事管理机构批准",表明没有完全禁止"可能危及港口安全的采掘、爆破等活动",穿越隧道工程可参照该条法执行。由上可见,虽在《中华人民共和国港口法》对穿越港口设施的隧道选址没有明确规定,但保障安全是法律规定的,立法的本意是保障港口设施营运(包括船舶进出、停泊、靠泊)等的安全,同时也需保障隧道施工和营运安全。

《中华人民共和国航道管理条例》明确了航道及其设施是受国家法律保护的,任何单位和个人均不得侵占或者破坏,修建与通航有关的设施,必须符合国家规定的通航标准和技术要求,并应当事先征求交通主管部门的意见。中断或者恶化通航条件的,由建设单位或者个人赔偿损失,并在规定期限内负责恢复通航。

《中华人民共和国航道管理条例实施细则》明确了修建与通航有关的设

施,必须符合国家规定的通航标准和有关的技术要求;不得影响航道尺度、恶化通航条件,不得危害航行安全。与通航有关设施的设计文件中有关航道的事项应当事先征得航道主管部门同意。在通航河道的管理范围内,水域和土地的利用应当符合航运的要求,岸线的利用和建设应当服从河道整治规划和航道整治规划。

2.2.2 标准规范的要求

由于水上服务区性能综合,兼顾码头、水上加油站等功能。因此,水上服务区选址和布置既应依据水上服务区自身的规范,也应参考加油站、码头等相关规范。同时,借鉴陆地其他行业标准对于油品、液化天然气储存设施的防火间距要求。

1)《内河通航标准》(GB 50139—2014)

条文规定:

第5.3.1条 穿越航道的水下电缆、管道、涵管和隧道等水下过河建筑物必须布设在远离滩险、港口和锚地的稳定河段。

释义:

第5.3.1条 敷设穿过通航水域的水下电缆、涵管、油气管道、隧道等水下过河建筑物,应避免同船舶抛锚、靠离泊码头作业、疏浚、航道整治等的相互影响,因此其选址应避开滩险、港口和锚地。

分析:

《内河通航标准》对隧道建设的要求主要是在选址和埋设深度方面,其中选址要求必须布设在远离滩险、港口和锚地的稳定河段,主要是考虑同船舶抛锚、靠离泊码头作业、疏浚、航道整治等的相互影响。如果在相关研究后确保隧道在纵向上埋深足够,且隧道保护范围内的滩险按航道发展规划技术等级先期实施,为航道发展预留足够的发展空间,可以消除相互之间的影响。

2)《汽车加油加气加氢站技术标准》(GB 50156—2021)

条文规定:

第4.0.4条 加油站、各类合建站中的汽油、柴油工艺设备与站外建

(构)筑物的安全距离,不应小于表 2.2-1 的规定。

表 2.2-1 汽油(柴油)工艺设备与站外建(构)筑物的安全间距(m)

站外建(构)筑物		站内汽油(柴油)工艺设备			加油机、油罐通气管口、油气回收处理装置
		埋地油罐			
		一级站	二级站	三级站	
室外变配电站		17.5(15)	15.5(12.5)	12.5(12.5)	12.5(12.5)
铁路、地上城市轨道线路		15.5(15)	15.5(15)	15.5(15)	15.5(15)
城市快速路、主干路和高速公路、一级公路、二级公路		7(3)	5.5(3)	5.5(3)	5(3)
城市次干路、支路和三级公路、四级公路		5.5(3)	5(3)	5(3)	5(3)
架空通信线路		1.0(0.75)H,且≥5 m	5(5)	5(5)	5(5)
架空电力线路	无绝缘层	1.5(0.75)H,且≥6.5 m	1.0(0.75)H,且≥6.5 m	6.5(6.5)	6.5(6.5)
	有绝缘层	1.0(0.5)H,且≥5 m	0.75(0.5)H,且≥5 m	5(5)	5(5)

注:H 为架空通信线路和架空电力线路的杆高或塔高。

分析:

该条款明确了加油站中柴油工艺设备与站外建(构)筑物的安全距离,包括室外变配电站,铁路、地上城市轨道线路,城市快速路、主干路和高速公路、一级公路、二级公路,城市次干路、支路和三级公路、四级公路,架空通信线路,架空电力线路。可以看出,加油机与地上城市轨道线路的安全距离为 15 m。

但是,该规范未对加油站中柴油工艺设备与水下城市轨道线路的安全距离进行明确。通常来讲,由于水下城市轨道线路埋置于地下,受轨道上方覆土和河水的双重保护作用,其与加油站中柴油工艺设备的安全距离应小于地上城市轨道线路(15 m)。

3)《石油库设计规范》(GB 50074—2014)

条文规定：

第4.0.10条 石油库与库外居住区、公共建筑物、工矿企业、交通线的安全距离，不得小于表2.2-2的规定。

表2.2-2 石油库与库外居住区、公共建筑物、工矿企业、交通线的安全距离(m)

序号	石油库设施名称	石油库等级	居住区和公共建筑物	工矿企业	国家铁路线	工业企业铁路线	道路
1	甲B、乙类液体地上罐组；甲B、乙类覆土立式油罐；无油气回收设施的甲B、乙A类液体装卸码头	一	100(75)	60	60	35	25
		二	90(45)	50	55	30	20
		三	80(40)	40	50	25	15
		四	70(35)	35	50	25	15
		五	50(35)	30	50	25	15
2	丙类液体地上罐组；丙类覆土立式油罐；乙B、丙类和采用油气回收设施的甲B、乙A类液体装卸码头；无油气回收设施的甲B、乙A类液体铁路或公路罐车装车设施；其他甲B、乙类液体设施	一	75(50)	45	45	26	20
		二	68(45)	38	40	23	15
		三	60(40)	30	38	20	15
		四	53(35)	26	38	20	15
		五	38(35)	23	38	20	15
3	覆土卧式油罐；乙B、丙类和采用油气回收设施的甲B、乙A类液体铁路或公路罐车装车设施；仅有卸车作业的铁路或公路罐车卸车设施；其他丙类液体设施	一	50(50)	30	30	18	18
		二	45(45)	25	28	15	15
		三	40(40)	20	25	15	15
		四	35(35)	18	25	15	15
		五	25(25)	15	25	15	15

分析：

以上条款分别规定了乙B、丙类和采用油气回收设施的甲B、乙A类液体装卸码头中的四级石油库与道路的安全距离为15 m。

隧道附近有三艘装有易燃易爆品的趸船：长轮25001趸船生活污水、油污水，最大储量340吨，约400 m³；长轮39005趸船最大储量2 000吨，约2 353 m³；长轮26035趸船最大储量700吨，约824 m³。按照石油库的等级划分，属于四级石油库（1 000 m³≤TV＜10 000 m³）。中长燃水上服务区的加油种类为0♯柴油（闪点为55℃），火灾危险性为丙A。

4)《城市地下综合管廊运行维护及安全技术标准》(GB 51354—2019)

条文规定：

第4.2.5条 当综合管廊穿越水体时，船舶的抛锚、拖锚作业净距控制管理值应大于100 m；当进行河道清淤疏浚作业时，综合管廊结构上方覆土不应小于设计厚度。

释义：

第4.2.5条 为确保综合管廊结构安全，本条对综合管廊穿越水体时相应水体内船只抛锚、拖锚作业净距进行规定，根据结构抗浮要求，河道清淤时，应避免对综合管廊覆土进行削减。

分析：

该标准针对综合管廊穿越水体，管廊上方船舶抛锚、拖锚作业提出了具体的控制净距，船舶抛锚等作业，净距控制管理值应大于100 m。

5)《长江干线通航标准》(JTS 180-4—2020)

条文规定：

第5.3.2条 水下过河建筑物宜避开码头、船台滑道和锚地、停泊区、水上综合服务区等，满足相关设施正常作业和水下过河建筑物安全保护的要求。

第5.3.4条 当水下过河建筑物不能避开码头、船台滑道和锚地、停泊区、水上综合服务区时，应考虑河床极限冲刷、船舶抛锚贯入和冲击力影响深度、码头建设和改造工程需要等因素，开展专题论证，增加合理的竖向埋置深度，必要时还应采取相应的安全保障措施。

释义：

第5.3.2条 按照现行国家标准《内河通航标准》(GB 50139—2014)，对水下过河建筑物平面选址进行了原则性规定。

第5.3.4条 随着水下过河建筑物选址与码头、船台滑道和锚地、停泊区、水上综合服务区等间距问题越来越突出，对于水平距离上不能避开的，本条在竖向深度上提出了相关要求。

分析：

《长江干线通航标准》要求隧道建设的选址宜布设在远离滩险、易变洲滩且航道稳定的稳定河段，同时宜避开码头、船台滑道和锚地、停泊区、水上综合服务区等，无法避开时，应开展专题研究，考虑河床极限冲刷、船舶抛锚贯入和冲击力影响深度、码头建设和改造工程需要等因素，在竖向深度上提出了相关要求。隧道选址与港口和锚地关系的要求较《内河通航标准》有所弱化。

6)《海轮航道通航标准》(JTS 180-3—2018)

条文规定：

第7.1.1条 穿越航道建筑物、构筑物的选址应与航道的自然条件和远期开发规划相适应，应与港口的现状及港口总体规划远期发展的港区布置相协调。

第7.1.2条 穿越航道建筑物、构筑物宜选在海床、河床较稳定、航道冲淤强度可预测的位置。

第7.1.3条 穿越航道建筑物、构筑物应避开港口作业区和锚地。

释义：

第7.1.1条 穿越航道建筑物、构筑物，如海底隧道、大型海底管道(线)等选址不仅要处理好现状条件下的相对位置，而且要注意航道与港口的远期规划发展。

第7.1.3条 穿越航道的设施在没有建设之前，港口船舶进港和锚地船舶抛锚均有下锚现象，不同船舶配备的锚重、锚链是不同的，水底底质也各有不同，因此锚体入海底深度无法准确控制，所以，穿越通航海轮航道的设施应避开锚地和港口，有利于设施的安全保护。

条文中穿越航道建筑物、构筑物是特指新建工程；避开港口作业区和锚地是指新建工程在垂向、水平方向能保障安全使用。

分析：

《海轮航道通航标准》对隧道建设的选址要求应避开港口作业区和锚地，"避开"既指水平方向的避开，也指垂向方向的避开，在相关专题研究后确保隧道在纵向上埋深足够，即便隧道穿越港口、锚地，也可认为隧道已经避开港口、锚地。隧道选址与港口和锚地关系的要求较《长江干线通航标准》进一步明确。

7)《河港总体设计规范》(JTS 166—2020)

条文规定：

第3.2.11条 码头、锚地和趸船锚位不应布置在水下管线限制范围以内。码头、锚地与桥梁、渡槽的安全距离，不应小于表2.2-3中规定。

表2.2-3 码头、锚地与桥梁、渡槽的安全距离

建(构)筑物名称	码头、锚地在上游	码头、锚地在下游
桥梁	4L	2L
渡槽		

注：L为码头、锚地的设计船型长度。

分析：

该条款要求禁止在水下管线限制范围以内布置趸船。未明确禁止在隧道工程水域布置建设趸船。同时，该规范未对河港趸船与水下建筑物（隧道等）的安全距离进行明确。

8)《船舶液化天然气加注站设计标准》(GB/T 51312—2018)

条文规定：

第4.0.8条 下列区域未采取相应保护措施不应建设船舶液化天然气加注站：

① 航道急弯、狭窄、急流、滩险航段；

② 地质构造复杂和存在晚近期活动性断裂等抗震不利地段；

③ 水底电缆、水底管线保护区内。

第4.0.9条 加注码头、加注趸船与桥梁、渡槽、大坝的防火间距不应小

于表2.2-4的规定。

表2.2-4 加注码头、加注趸船与桥梁、渡槽、大坝的防火间距(m)

站外建(构)筑物	加注码头、加注趸船在上游	加注码头、加注趸船在下游
桥梁	4L	2L
渡槽		
大坝		

注：L 为加注码头设计船型的实际长度(m)。

分析：

正常情况下，船舶液化天然气加注站不得在水底电缆、水底管线保护区内布置。但是，该条款的规定相对宽松一些，在采取相关保护措施后，存在设置的可能性。明确船舶液化天然气加注站、加注趸船与桥梁、渡槽、大坝的安全距离。但是，未规定其与水下过河建筑(隧道等)的安全间距。

9)《水上加油站安全与防污染技术要求》(JT/T 660—2006)

条文规定：

4.1 选址

水上加油站点的选址，应有利于受油船舶的安全靠离泊，不应对通航环境构成不利影响。下列水域或区域附近不得设置水上加油站：

(a) 航道急弯及内河J级航段；

(b) 大桥上下游200 m范围内；

(c) 饮用吸水口上游3 000 m、下游1 500 m范围内；

(d) 客运码头200 m以内；

(e) 高压电线垂直投影上下游50 m范围内；

(f) 水底电缆、水底管线；

(g) 经常有明火或散发火花等场所上下游100 m水域范围内；

(h) 有关部门划定的水资源保护区。

分析：

要求在水底电缆、水底管线水域不得设置水上加油站，应保持远离。防止水上加油站作业船舶破坏水底电缆、水底管线安全结构。但是，该规范未明确禁止在隧道工程水域布置建设水上加油站。

10)《内河水上服务区总体设计规范》(JTS/T 162—2021)

条文规定：

第6.2.8条 内河水上服务区不应布置在水下管线限制范围以内。与桥梁、渡槽、管道、涵管、隧道、枢纽、码头、取排水口等跨河、拦河、临河设施的安全距离应符合国家现行标准《内河通航标准》(GB 50139)、《河港总体设计规范》(JTS 166)等的有关规定。

分析：

规定了内河水上服务区不得设置在水下管线限制范围内，以免服务区船舶作业对其产生影响，从而对水下管线造成破坏，并要求内河水上服务区与隧道等保持安全距离。

11)《内河液化天然气加注码头设计规范》(JTS 196-11—2016)

条文规定：

4.0.8 内河液化天然气加注码头不得布置在水底电缆、水底管线及过河建筑物保护区内。

5.5.7 液化天然气受注船加注作业期间，加注口周边25 m半径范围内不应进行与加注无关的活动。

分析：

该条款禁止在水底电缆、水底管线及过河建筑物保护区内布置内河液化天然气加注码头。其目的在于避免加注码头及其船舶作业对水底电缆、水底管线及过河建筑物造成破坏。因此，隧道作为水下过河建筑物，其保护范围内是不得建设内河液化天然气加注码头的。

12)《油气化工码头设计防火规范》(JTS 158—2019)

条文规定：

4.2.1 油气化工码头与锚地的安全距离，不应小于表2.2-5规定。

4.2.2 海港甲、乙类油气化工码头在泊船舶与航道边线的净间距不宜小于100 m；河口港和河港可根据实际情况适当缩小，但不宜小于50 m。

4.2.3 油气化工码头与公路桥梁、铁路桥梁的安全距离，不应小于表2.2-6规定。

表 2.2-5 油气化工码头与锚地的安全距离

油气化工码头位置		装卸液体火灾危险性	安全距离(m)
河港	位于锚地下游	甲、乙、丙	150
	位于锚地上游	甲、乙	1 000
		丙	150
海港	—	甲、乙	1 000
		丙	150

表 2.2-6 油气化工码头与公路桥梁、铁路桥梁的安全距离

油气化工码头位置		装卸液体火灾危险性	安全距离(m)
河港	位于公路桥梁、铁路桥梁的下游	甲、乙	150
		丙	100
	位于公路桥梁、铁路桥梁的上游	甲、乙	300
		丙	200
海港	—	甲、乙	300
		丙	200

分析：

由于水上服务区具备储油、加油功能，其加油趸船可视为油气化工码头。因此，需依据本规范对水上服务区的选址和布置提出要求。

该规范要求了油气化工码头与锚地、航道、公路桥梁、铁路桥梁的安全距离。未规定油气化工码头与水下过河建筑（隧道等）的安全间距。

13) 分析认识

(1)《内河通航标准》第 5.3.1 条为强制性条款，规定"水下过河建筑物必须布设在远离滩险、港口和锚地的稳定河段"；《海轮航道通航标准》第 7.1.3 条规定"穿越航道建筑物、构筑物应避开港口作业区和锚地"；《长江干线通航标准》第 5.3.2 条规定"水下过河建筑物宜避开码头、船台滑道和锚地、停

泊区、水上综合服务区等。"可以看出上述标准对水下过河建筑物布设要求的严格程度是不一样的，《内河通航标准》要求很严格，必须布设在远离滩险、港口和锚地的稳定河段；《海轮航道通航标准》要求严格，应避开港口作业区和锚地，宜选在海床、河床较稳定，航道冲淤强度可预测的位置；《长江干线通航标准》允许稍有选择，宜布设在远离滩险、易变洲滩的稳定河段及宜避开码头、锚地、水上综合服务区等。

从条文说明中可以看出，《内河通航标准》主要考虑水下过河建筑物与船舶抛锚、靠离泊码头作业、疏浚、航道整治等的相互影响；《海轮航道通航标准》主要考虑穿越航道的设施在没有建设之前，港口船舶进港和锚地船舶抛锚均有下锚现象，不同船舶配备的锚重、锚链是不同的，水底底质也各有不同，因此锚体入海底深度无法准确控制。所以，穿越通航海轮航道的设施应避开锚地和港口，这样有利于设施的安全保护，在垂向、水平方向能保障水下过河建筑物安全使用。《长江干线通航标准》允许稍有选择，宜布设在远离滩险、易变洲滩的稳定河段，且提出宜避开港口和锚地，当实在无法避开时，有条件的允许穿越。

（2）《水上加油站安全与防污染技术要求》《内河水上服务区总体设计规范》《河港总体设计规范》均要求在水下管线限制范围以内不得设置水上加油站、水上服务区、码头、趸船等；《内河液化天然气加注码头设计规范》《船舶液化天然气加注站设计标准》要求在水底电缆、水底管线保护区以内不得设置液化天然气加注码头（站）。

可知，以上5个规范对水上服务区、水上加油（注）站、码头等与水下管线的关系规定是相同的，均禁止在水下管线保护范围内建设水上服务区、水上加油（注）站、码头等。但是，均未禁止在水上服务区、水上加油站等水域建设隧道工程。

（3）《河港总体设计规范》第3.2.11条为强制性条款，规定"码头、锚地和趸船锚位不应布置在水下管线限制范围以内"，其主要是考虑在水下管线限制范围内，相关法规将限制码头改扩建、船舶进出、停泊、靠离泊、抛锚等行为。

（4）参考陆域汽车加油站相关规范。《汽车加油加气加氢站技术标准》

明确了加油站中柴油工艺设备与站外建(构)筑物的安全距离。其中,地上城市轨道线路与柴油加油机的距离为 15 m;《建筑设计防火规范(2018 年版)》要求汽车加油、加气站和加油加气合建站及其加油(气)机、储油(气)罐等与站外铁路、道路的防火间距应符合现行国家标准规定,即最大距离为 15 m。可知,以上 2 个规范对陆域地上城市轨道、铁路与汽车加油站的加油设备间距要求是一致的。《石油库设计规范》规定乙 B、丙类和采用油气回收设施的甲 B、乙 A 类液体装卸码头中的四级石油库与道路的安全距离为 15 m。

但是,《汽车加油加气加氢站技术标准》《汽车加油加气站设计与施工规范》《建筑设计防火规范(2018 年版)》《石油库设计规范》未规定加油站的加油设备与水下过河建筑(隧道等)的安全距离。

(5)《城市地下综合管廊运行维护及安全技术标准》要求当综合管廊穿越水体时,船舶的抛锚、拖锚作业净距控制管理值应大于 100 m;当进行河道清淤疏浚作业时,综合管廊结构上方覆土不应小于设计厚度。

可见,标准规范设置各种限制性规定,目的是保障隧道、水上服务区等建(构)筑物运营的安全。随着我国近年来隧道建设实践经验的积累和技术进步,特大跨度隧道、特长隧道、深埋隧道相继开工建设,其为竖向保障水下过河建筑物营运安全提供了可能。如果在相关研究后可确保隧道在纵向上埋深足够,确保水上服务区营运安全,在隧道设计与施工中采取相应的保护措施的前提下,相互之间的影响是可以消除的,隧道穿越已有水上服务区是可能的。

2.2.3 小结

(1)穿越航道工程选址应遵循通航标准的相关条款,穿越工程安全保护范围内的禁止或限制行为又制约着航运事业的发展,相互制约的目的是降低互相影响及保障运营安全。新建隧道通过的区域受地理条件限制,不能满足通航标准规定选址要求的,需妥善处理穿越工程与港航设施之间的关系。

(2)新建隧道穿越既有水上服务区、码头时,在充分研究论证的基础上,在隧道设计与施工中对航道、水上服务区、码头等涉航设施采取相应的保护措施,确保规划与现状航道、水上服务区、码头的建设与营运安全。在落实通航安全保障方案、安全管理措施的前提下,选址技术上是可行的。

（3）国家标准《内河通航标准》强制性要求隧道工程必须布设在远离滩险、港口和锚地的稳定河段；行业标准《海轮航道通航标准》规定隧道工程应避开港口作业区和锚地,包括水平或竖向两方面的避开；行业标准《长江干线通航标准》允许稍有选择,规定隧道工程宜避开码头、船台滑道和锚地、停泊区、水上综合服务区等,说明在保障隧道工程与涉航设施安全的前提下,允许隧道工程下穿码头、锚地、水上服务区等涉航设施。

由此可见,标准规范均要求水下过河建筑物的建设和运营不得影响码头、船台滑道和锚地、停泊区、水上综合服务区等港区涉航设施的安全,无论是水平方面的远离,还是竖向方面的避开,都是采取的保障安全措施。因此,对于隧道工程选址无法在水平方向避开涉航设施时,可通过加大隧道竖向埋深的措施来保障隧道工程和涉航设施两者安全,进而在技术上支持隧道工程的选址可行。

2.3 法律法规技术标准对隧道设置深度的要求

2.3.1 相关法律法规的要求

1)《中华人民共和国航道法》

第二十四条 新建、改建、扩建(以下统称建设)跨越、穿越航道的桥梁、隧道、管道、缆线等建筑物、构筑物,应当符合该航道发展规划技术等级对通航净高、净宽、埋设深度等航道通航条件的要求。

2) 分析认识

本条是关于建设跨越、穿越航道的建筑物、构筑物应当符合航道通航条件要求的规定。

跨越、穿越航道的建筑物、构筑物与航道关系较为密切,是控制航道通过能力、影响航道通航条件和航道长远发展的主要因素,一旦这些设施建设不深,极易造成碍航,对航道通航条件、航道通航安全等产生不利影响。桥梁等跨越航道的建筑物、构筑物如果建低了,通航净空不足,大型船舶就无法通过,制约了航道的通过能力,影响航运发展。如20世纪60年代建成的南京长江大桥,通航净空高度仅为24 m,致使万吨级海轮无法上行,南京以上可供万吨级海轮通航的深水航道及岸线资源难以得到充分利用。工程选址、通航孔布置、桥墩设置不合理也极易造成碍航,甚至导致船舶撞桥、桥垮船沉人亡的安全事故。如黄石长江大桥选址在航道转弯处,不当的选址严重影响了航行安全,仅在施工期就发生了20多起船舶碰撞桥墩事故;荆州长江大桥建设在洲滩易变的分汊河段,未充分考虑航道演变,导致主通航桥孔泥沙淤积,只能投入巨资进行疏浚以维持通航;澧水石龟山大桥和沅水桃源大桥由于建在急弯河段,发生了多起船舶撞击桥梁造成船毁人亡的安全事故。根据普查资料,全国航道上建有桥梁共4万多座,其中不满足通航标准的占70%,对航道的通过能力和建设发展、通航安全等影响较大。同时,隧道等穿越航道的建筑物、构筑物一旦埋设深度不能满足要求,也将导致航道水深不足或航道需要进一步浚深时难以实施疏浚保通,甚至在船舶抛锚时对建筑物造成损毁。

因此,建设跨越、穿越航道的建筑物、构筑物必须满足净高、净宽、埋设深度、通航孔布置等航道通航条件的要求,这是航道保护的基本要求,也延续了《中华人民共和国航道管理条例》第十四条"修建与通航有关的设施或者治理河道、引水灌溉,必须符合国家规定的通航标准和技术要求"的规定。

跨越或穿越航道的工程建设的通航净高、净宽、埋设深度等参数应当符合该航道发展规划技术等级对航道通航条件的要求。结合对隧道保护范围的要求,笔者认为下穿航道的隧道建设时应该充分考虑工程河段航道未来发展对埋深的要求,避免隧道建设的上方保护层与航道建设下方保护层相互影响,为航道发展预留足够的发展空间。

2.3.2 相关标准规范对隧道埋设深度的要求

1)《内河通航标准》

第5.3.2条 在航道和可能通航的水域内布置水下过河建筑物,应埋置于河床内,其顶部设置深度,Ⅰ级～Ⅴ级航道不应小于远期规划航道底标高以下 2 m,Ⅵ级和Ⅶ级航道不应小于 1 m。[本条的条文说明:可能通航的水域是指当时虽然不是通航水域,但在不同的水位期和不同的水文年河床发生变迁后可能通航的水域。]

第 5.3.3 条 设置沉管隧道、尺度较大的管道时,应避免造成不利的河床变化和碍航水流。必要时应通过模拟试验研究,确定改善措施。[本条的条文说明:沉管隧道或尺度较大的其他管道因对水流有较大的阻碍,可能导致水流流速、流态的巨大变化,甚至引起河床地形的改变,因此必要时要对这类设施通过模拟试验研究来确定相应的工程方案与技术措施。]

分析:

隧道埋深要求在航道和可能通航的水域内布置水下过河建筑物,应埋置于河床内,其顶部设置深度,Ⅰ级～Ⅴ级航道不应小于远期规划航道底标高以下 2 m,Ⅵ级和Ⅶ级航道不应小于 1 m。该埋深值仅是一般通航水域最小要求值,对燃气管道、隧道等重要工程要求更多。

2)《长江干线通航标准》

第 5.3.3 条 水下过河建筑物应埋置于河床面以下,并留有足够的埋置深度。布置在航道内的,其顶部设置深度不得小于远期规划航道底高程以下 4 m;布置在航道外通航水域的,埋置于河床面以下不应小于 2 m。其埋置深度,尚应考虑局部河床冲刷、航行船舶应急抛锚等影响。[本条的条文说明:水下过河建筑物穿越内河航道外的通航水域时,需要考虑局部河床冲刷等的影响。如宜宾一处过江缆线,随着河床冲刷下切而露出河床,出现安全隐患;芜湖一处过江缆线,因埋置深度不足,出现因施工把缆线挖断的事故。考虑长江干线河床冲刷幅度大,一般在 3 m 左右,而枢纽下游河床沿程床刷下切,且航道尺度标准在不断提高,因此埋置深度要加大。]

第 5.3.7 条 设置沉管隧道、尺度较大的管道,应避免造成不利的河床变化和碍航水流。必要时应通过模拟试验研究,确定改善措施。

分析:

《长江干线通航标准》对隧道建设的埋深要求为顶部设置深度不得小于远期规划航道底高程以下 4 m,还应考虑局部河床下切、航行船舶紧急抛锚等影响,隧道换气孔的设置不得影响航道条件与船舶通航。

3)《海轮航道通航标准》

第7.2.1条 穿越航道建筑物、构筑物的埋深和宽度应满足未来可能使用该航道的船舶通航要求,并能适应航槽可能的变迁。

第7.2.2条 穿越航道建筑物、构筑物的埋深顶高程应与所穿越近、远期规划航道的底高程保持安全距离。

第7.2.3条 穿越航道建筑物、构筑物顶部埋设的安全距离应考虑下列因素。

第7.2.3.1条 当穿越的航道为限制性航道时,应考虑航道疏浚超深。

第7.2.3.2条 在海床、河床不稳定的水域,应考虑航道可能冲刷的最大深度。

第7.2.3.3条 当穿越航道建筑物、构筑物所在水域的自然水深大于航道设计水深时,航道计算底高程可取航道范围内海床或河床的最低高程。

第7.2.3.4条 在考虑航道疏浚超深、冲刷和天然水深等要素的基础上,其安全富裕深度不应小于2 m;危险品管道安全富裕深度不应小于3 m,必要时经专题论证确定;同时安全富裕深度不应小于锚击深度,锚击深度应通过专题研究论证确定。

[7.2.3条的条文说明:安全富裕深度主要考虑意外事故迫使船舶在穿越航道埋设区域应急抛锚等危险情况下应留出的厚度。]

第7.2.4条 穿越航道建筑物、构筑物满足7.2.3条埋设要求的宽度应按以下方法确定。

第7.2.4.1条 轴线不变的限制性航道,其宽度可取规划航道宽度的1.2~1.4倍。

第7.2.4.2条 在海床或河床稳定、航道轴线基本不变的水域,其宽度不应小于规划航道通航宽度的2~3倍,或不小于自然河宽。

第7.2.4.3条 在海床或河床欠稳定、航道轴线摆动频繁的水域,其宽度应通过模型试验研究确定,并应覆盖航道轴线可能变化的范围。

第7.2.4.4条 在通航水域宽阔的水域,其宽度应覆盖全部通航水域的范围。

[7.2.4条的条文说明：穿越航道建筑物、构筑物满足埋设安全距离要求的宽度大于航道通航宽度，提高通航的安全性的同时也为未来航道进一步改扩建留有空间。]

分析：

《海轮航道通航标准》规定隧道建设的埋深和宽度应满足未来可能使用该航道的船舶通航要求，应与所穿越近、远期规划航道的底高程保持安全距离，其安全距离需要考虑天然水深、航道疏浚超深、航道最大冲刷深度、船舶锚击深度，必要时进行模型试验、仿真试验等专题研究。

4）《地铁设计规范》

第6.1.6条 第2款："地下线路埋设深度，应结合工程地质和水文地质条件，以及隧道形式和施工方法确定；隧道顶部覆土厚度应满足地面绿化、地下管线布设和综合利用地下空间资源等要求。"

5）《城市综合管廊工程技术规范》

第5.2.1条 综合管廊穿越河道时应选择在河床稳定的河段，最小覆土深度应满足河道整治和综合管廊安全运行的要求，并应符合下列规定：

① 在Ⅰ～Ⅴ级航道下面敷设时，顶部高程应在远期规划航道底高程2m以下；

② 在Ⅵ、Ⅶ级航道下面敷设时，顶部高程应在远期规划航道底高程1m以下；

③ 在其他河道下面敷设时，顶部高程应在河道底设计高程1.0m以下。

6）分析认识

《内河通航标准》第5.3.2条给出了不同航道技术等级、不同水位期和不同水文年河床发生变迁后可能通航的水域内水下过河建（构）筑物最小埋深的要求值；《城市综合管廊工程技术规范》参照《内河通航标准》制定了该条款；《内河通航标准》第5.3.2条、《海轮航道通航标准》第7.2.1条及《长江干线通航标准》第5.3.3均提到了水下过河建（构）筑物埋深应考虑河床发生变迁的影响，埋深应满足未来可能使用该航道的船舶通航要求。

《海轮航道通航标准》第7.2.4条规定了水下过河建（构）筑物埋设要求的宽度的确定方法，在海床或河床欠稳定、航道轴线摆动频繁的水域，其宽度应通过模型试验研究确定,并应覆盖航道轴线可能变化的范围。因此,必要时要对水下过河建(构)筑物穿越河床可动性较大水域进行长系列模拟试验研究,分析水下过河建(构)筑物埋深和宽度与航道的适应性。

《内河通航标准》第 5.3.3 条及《长江干线通航标准》第 5.3.7 条均提出沉管隧道或尺度较大的其他管道覆土厚度较小或裸露河床内,对水流有较大的阻碍,可能导致水流流速、流态的巨大变化,甚至引起河床地形的改变。因此,必要时要对这类设施通过模拟试验研究来确定相应的工程方案与技术措施。

《海轮航道通航标准》第 7.2.3.2 条、《长江干线通航标准》第 5.3.3 条均提到了水下过河建(构)筑物穿越航道和可能通航的水域时,应考虑局部河床下切等的影响。因此,必要时通过模拟试验研究来确定极限冲刷深度。

《海轮航道通航标准》第 7.2.3.4 条、《长江干线通航标准》第 5.3.2 条、《铁路隧道设计规范》第 5.4.3 条、《地铁设计规范》第 6.1.6 条等考虑意外事故迫使船舶在穿越航道埋设区域紧急抛锚等危险情况,需要足够的紧急抛锚贯入富裕深度。

结合上述各规定,按《长江干线通航标准》布置在航道内的,其顶部设置深度不得小于远期规划航道底标高以下 4 m;布置在航道外通航水域的,其顶部设置深度不得小于远期规划航道底标高以下 2 m。尚应考虑局部河床冲刷、航行船舶应急抛锚等影响;水下过河建(构)筑物满足埋设要求的宽度与未来航槽变迁的相适应。按《海轮航道通航标准》隧道埋设深度应在航道发展规划技术等级航道底高程以下,应考虑航道疏浚超深及河床极限冲刷深度,航行船舶紧急抛锚深度值,该值应不小于安全富裕深度要求值 2 m 或危险品管道安全富裕深度 3 m;当穿越航道建(构)筑物所在水域的自然水深大于航道发展规划技术等级航道设计水深时,航道计算底高程可取航道范围、隧道外缘线范围内海床或河床的最低高程,在充分考虑河床极限冲刷深度前提下,计算航行船舶紧急抛锚深度值,该值应不小于安全富裕深度要求值 2 m 或危险品管道安全富裕深度 3 m;满足埋设要求的宽度应通过模型试验研究确定,并应覆盖航道轴线可能变化的范围。按《海轮航道通航标准》与《长江干线通航标准》分别计算隧道埋设深度及宽度要求值,隧道埋设深度及宽度取两者的大值。

2.3.3 隧道穿越已有建(构)筑物埋设深度及保障措施

1) 隧道穿越水上服务区埋设深度要求值

涉航的相关标准规范《内河通航标准》《海轮航道通航标准》《长江干线通航标准》《河港总体设计规范》等对隧道选址及埋深深度有限制性条款,但各标准规范要求的严格程度是不一样的。《内河通航标准》要求很严格,《海轮航道通航标准》要求严格,《长江干线通航标准》允许稍有选择之所以要求的严格程度不一,是因为各标准规范要求的埋设深度不一,《内河通航标准》要求的埋设深度是最小的,可能通航的水域内水下过河建(构)筑物最小埋深不小于 1~2 m。《海轮航道通航标准》考虑了规划航道疏挖和自然水深大于规划航道设计水深两种情况,《海轮航道通航标准》与《长江干线通航标准》埋设深度考虑的因素基本相同,仅是安全富裕深度的取值略有不同。所以,提出按《海轮航道通航标准》与《长江干线通航标准》分别计算隧道埋设深度及宽度要求值,隧道埋设深度及宽度取两者的大值。

水上服务区停泊的最大船舶一般都按现状或规划设计代表船型,可计算出隧道顶部最小覆土厚度要求值,由于水上服务区停泊的船舶在同一位置停留时间相对较长,受恶劣天气、突发事件等不可抗力因素影响,船舶发生碰撞沉没是有可能的。因此,若隧道穿越水上服务区,在隧道结构设计时还需考虑偶然荷载的影响。

由于水上服务区停泊的船舶在同一地点抛锚的可能性较大,属于经常性行为,对土层的扰动性较大,随着水上服务区运行时间的推移,流动淤泥层厚度可能会增加,抛锚贯入深度、抛锚撞击力影响深度会有所增加,其安全富裕深度应适当加大或按通过隧道水域最大船型抛锚贯入深度考虑。

2) 隧道穿越水上服务区埋设深度设计值

隧道在水上服务区段埋设深度设计值应与标准规范要求的埋设深度相适应,并考虑因地层损失和土体扰动引起的地表变形,地表变形不能引起水上服务区主要结构开裂及正常功能使用。

盾构法施工因地层损失和土体扰动,必然引起地表变形,具体表现在盾构掘进机的前方和顶部产生微量的隆起,盾尾脱离以后,地表开始下沉,并形成一定宽度的沉降槽地带,下沉的速率随时间而逐渐衰减,且与盾构所经过的地层、施工工况和地表荷载等有密切的关系,并表现出相当的差异性。盾构隧道施工引起的地层变形主要原因是隧道埋深、施工中的地层损失和隧道周围土体受扰动产生的再固结。在隧道选址阶段,对于盾构隧道施工引起地面沉降预测应尤为注意,不仅要保障既有水上服务区主要设施的营运安全,同时还应关注水上服务区运营时产生的荷载可能对隧道带来的影响。应开展隧道工程对既有及规划水上服务区主要设施影响研究,以保障水上服务区与隧道运营的安全。

3) 隧道穿越水上服务区安全保障措施

若隧道采用盾构法施工穿越已建水上服务区、港口、码头等建(构)筑物,必要时应当采取安全防护措施,通过加大埋深,预加固,优化盾构掘进参数,及时进行盾尾同步注浆、二次注浆、土体加固注浆等措施,确保建(构)筑物运营及使用安全。采取安全防护措施后仍不能保证安全的,根据有关法律的规定隧道工程应另行选址。

隧道穿越水上服务区时,需由隧道建设或管理单位制定隧道水域水上交通安全管理规定;隧道权属单位与水上服务区等利益相关方签订相关协议;隧道权属单位定期测量隧道水域河道地形,若发现不利冲淤时,应及时采取有效措施,保障隧道及过往船舶航行安全。

2.3.4 小结

(1)隧道穿越水域不同、工程地质和水文地质差异性较大,必要时应进行河床演变分析、冲刷深度、通过隧道水域最大船型应急抛锚与拖锚、沉船撞击力、抛锚或疏浚撞击力、隧道工程对既有及规划港口主要设施影响等研究,按《海轮航道通航标准》与《长江干线通航标准》分别计算隧道埋设深度及宽度要求值,隧道埋设深度及宽度取两者的较大值。

(2)隧道设计时,应充分考虑偶然荷载沉船、抛锚或疏浚撞击力。

(3)当隧道穿越已有水上服务区等建(构)筑物相互有影响时,应在设计与施工中采取必要的措施。

（4）隧道权属单位与水上服务区等利益相关方签订相关协议；隧道权属单位定期测量隧道水域河道地形，若发现不利冲淤时，应及时采取有效措施，保障隧道及过往船舶航行安全。

2.4 本章小结

（1）由法律法规技术标准对航道保护范围、港口保护范围和隧道保护范围及限制性行为分析可知：在保障隧道和水上服务区设施安全的前提下，法律法规未禁止在航道保护范围和港口水域内进行隧道建设工程；部分地方管理条例中规定了隧道安全保护范围，并明确了禁止或限制性行为。当船舶在水底隧道安全保护区内水域抛锚、拖锚作业时，应由具有专业资质的单位编制作业方案和安全防护方案。必要时，组织专家进行评审，并书面征求隧道建设或者运营单位的意见。

《中华人民共和国航道法》《中华人民共和国港口法》未禁止在航道保护范围、港口水域建设隧道工程；《城市轨道交通运营管理规定》未对隧道保护区船舶抛锚、拖锚作业限制。

（2）由法律法规技术标准对隧道选址要求分析可知：《内河通航标准》强制性要求隧道工程必须远离港口和锚地；《海轮航道通航标准》规定隧道应避开港口作业区，包括水平或竖向两方面的避开；《长江干线通航标准》允许稍有选择，规定隧道宜避开码头、水上综合服务区等。通过开展专题研究说明在保障隧道工程与涉航设施安全前提下，增加合理的竖向埋置深度，必要时采取相应的保障措施后，允许隧道下穿水上服务区等涉航设施。

（3）《内河水上服务区总体设计规范》《水上加油站安全与防污染技术要求》《船舶液化天然气加注站设计标准》《内河液化天然气加注码头设计规范》《河港总体设计规范》《油气化工码头设计防火规范》等规范中均未规定不得在水上服务区水域建设隧道工程。同时，参考陆域汽车加油站相关规范。地上城市轨道线路（铁路）与加油站的柴油加油机距离最大为 15 m。

（4）由隧道埋设深度要求分析可知，当隧道水平方向不能避开码头、水上服务区时，可考虑通过增大隧道埋深的措施，以保障隧道与码头、水上服务区的安全。在考虑隧道埋深时，应按《海轮航道通航标准》与《长江干线通航标准》要求，进行河床演变分析、冲刷深度、隧道水域最大船型应急抛锚与拖锚等研究；同时，还应充分考虑偶然荷载沉船、隧道工程对既有码头和水上服务区结构安全影响等因素。

第 3 章

隧道工程对水上服务区影响研究

以隧道工程建设与上方水上服务区正常运营不产生影响为原则，隧道工程对水上服务区的影响主要考虑隧道施工对栈桥产生沉降，进而可能对水上服务区结构产生影响导致栈桥变形、产生裂缝甚至坍塌。

采用离心机模型试验和数值模拟相结合的技术手段分析隧道工程对水上服务区栈桥的影响。首先，按照栈桥距离隧道 3 倍洞径距工况开展离心机模型试验；然后，开展离心机模型试验的数值模拟，验证数值模拟和本构模型参数选取的合理性和可靠性；最后，再利用验证后的数值模拟参数对原型盾构隧道施工对栈桥的影响进行研究。

3.1 离心机试验

3.1.1 试验场地及设备

3.1.1.1 试验场地

实验室采用三层布局形式，结构布局及机电联系如图 3.1-1 所示。

（1）底层为地下室，安装设备的驱动系统与冷却系统；

（2）中层为离心机工作室，安装设备的支撑系统、转动系统及下仪器舱系统（机室内径 φ12 000 mm，层高 4 900 mm，转臂下表面距地面约 2 550 mm，上表面距顶面约 1 850 mm）；

（3）顶层为信号传输系统。

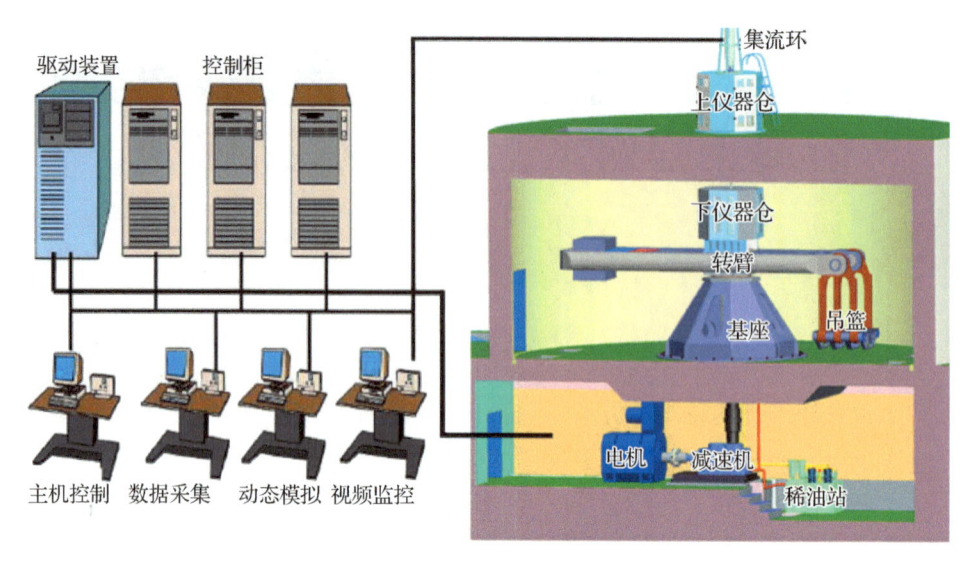

图 3.1-1　机械结构及机电联系示意图

3.1.1.2　离心机主机设备

所使用的离心机为 TK-C500 型土工离心机(见图 3.1-2)，由中国工程物理研究院总体工程研究所研制，其主要性能参数如下：

(1) 离心机主机机械系统主要由吊篮、转臂、主传动系统、配重系统、仪器舱、集流环等组成；

(2) 主机采用单吊篮、不对称臂结构；

(3) 离心机有效容量为 500g·t；

(4) 吊篮设计空间为 1.4 m×1.5 m×1.5 m(长×宽×高)，空间尺寸同时满足常规试验系统和动态试验系统的安装要求；

(5) 离心机半径(轴线到箱底半径)为 5 m；有效半径达到 4.5 m 以上；

(6) 离心机加速度值为 10～250g，转速稳定度为 0.5%F·S12 小时；

(7) 100g 下有效载荷为 5 t，250g 下有效载荷为 2 t；

(8) 离心机满足振动台配重要求，配重能力不小于 16 t；

(9) 离心机转臂不平衡监测，离心机转臂在旋转时保持平衡，设定最大容量的 5% 为不平衡停机限。配备动平衡调整系统，最大动平衡能力为 1g 条件下不平衡重量为 750 kg；等效在最大加速度 250g 作用下不平衡重量为

187.5 t;

（10）系统安全保护采用启动联锁与实时安全监测方式，对离心机平衡状态、轴承温度、电机电流等主要参数进行实时监视与测量，判断与处理运行过程中的异常状态，确保离心机安全、可靠的运行；

（11）集流环总计为108环，其中，功率环为30环，信号环为70环，视频环为8环，光纤集流环为4个通道；

（12）配备水平垂直双向（X—Z方向）振动台，四自由度机械手、降雨和水位升降系统，波浪发生装置等；

（13）从0g加速到250g最快20 min，停机最快20 min；

（14）连续运行时间不小于72 h；

（15）采用电机驱动的直流拖动方式，拖动系统以全数字直流调速器为核心，以电流反馈为内环、以转速反馈为外环，构成双闭环控制系统；

（16）视频监视系统采用数字网络方式，配置8路网络摄像机，用来监视离心机运行和实验情况；

（17）网络摄像机分辨率为720线。

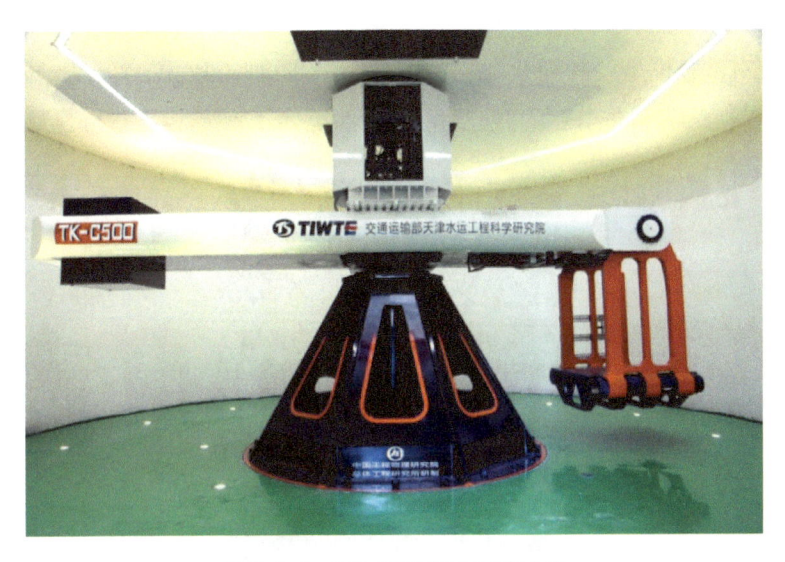

图 3.1-2　TK-C500 型土工离心机

图 3.1-3　离心机实验室测控间

3.1.1.3　数据量测及采集设备

离心机数据采集与数据处理系统是美国 ANCO 公司研制并生产的专用特种测量设备,它由数据采集器、下位机等硬件和数据处理软件组成(见图 3.1-4～3.1-5)。数据采集系统采用静态与动态数据采集相结合的方式,组成 128 通道数据采集系统;单通道采样率不少于 30 K,用于土工离心模拟试验时,可实现对试验模型各种变化数据的测量与采集,如土压力、水压力、位移、距离、动态应变等。同时配备高速照相、摄像系统,可对试验模型进行观测分析。

图 3.1-4　数据采集硬件系统

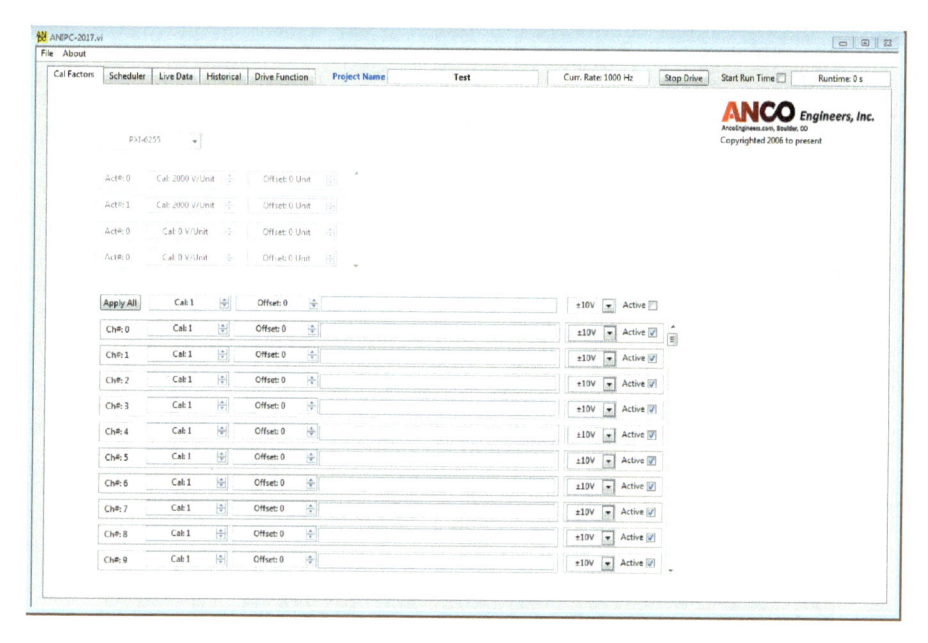

图 3.1-5　数据采集软件系统

3.1.1.4　模型箱

试验所使用的模型箱主要由 6061 铝合金、有机玻璃板等材料组成,其性能参数见表 3.1-1 所示。

表 3.1-1　模型箱性能参数表

名称	内部尺寸 长×宽×高(mm)	设计载荷 (模型箱+模型)(kg)	模型箱自重 (kg)	重心位置 (mm)
模型箱	1 200×1 000×1 200	4 000	1 261	561

模型箱前面板由 110 mm 厚的有机玻璃板和 110 mm 厚的铝合金外框构成,侧板及底板由 75 mm 的铝合金板构成,弹性模量为 70 GPa,并进行局部铣孔减重处理。经多次试验验证,在离心环境下,箱体未发生明显的挠曲变形,在 200g 加速度条件下,玻璃面挠曲变形小于 1 mm,符合平面应变条件。试验模型箱如图 3.1-6 所示。

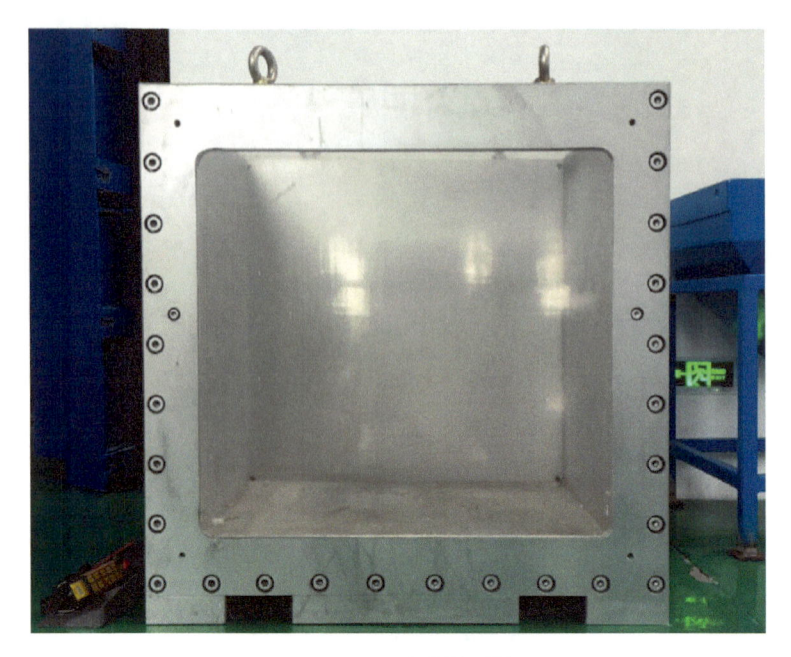

图 3.1-6　试验模型箱

3.1.1.5　测量传感器

(1) 激光位移传感器技术指标及特点

激光发射器通过镜头将可见红色激光射向被测物体表面,经物体反射的激光通过接收器镜头,被内部的 CCD 线性相机接收,根据不同的距离,CCD 线性相机可以在不同的角度下"看见"这个光点。根据这个角度及已知的激光和相机之间的距离,数字信号处理器就能计算出传感器和被测物体之间的距离。

同时,光束在接收元件的位置通过模拟和数字电路处理,并通过微处理器分析,计算出相应的输出值,并在用户设定的模拟量窗口内,按比例输出标准数据信号。如果使用开关量输出,则在设定的窗口内导通,窗口之外截止。另外,模拟量与开关量输出可独立设置检测窗口。

试验使用 HG-C1100 和 HG-C1200 两种传感器,具体参数如图 3.1-7 所示,实物如图 3.1-8 所示。

种类	形状	测量中心距离和测量范围	重复精度	光束直径(注1)	型号 NPN输出	型号 PNP输出
检测中心 30mm型		30±5mm	10μm	约ø50μm	HG-C1030	HG-C1030-P
检测中心 50mm型		50±15mm	30μm	约ø70μm	HG-C1050	HG-C1050-P
检测中心 50mm型		50±4mm	20μm	约ø150μm	NEW HG-C1050L	NEW HG-C1050L-P
检测中心 100mm型		100±35mm	70μm	约ø120μm	HG-C1100	HG-C1100-P
检测中心 200mm型		200±80mm	200μm	约ø300μm	NEW HG-C1200	NEW HG-C1200-P
检测中心 400mm型		400±200mm	300μm(检测距离200～400mm) 800μm(检测距离400～600mm)	约ø500μm	NEW HG-C1400	NEW HG-C1400-P

(注1)：测量中心距离处的值。按照中心光强度的1/e2(约13.5%)定义这些值。
如果定义范围外有漏光，并且检测点范围的反射率高于检测点本身，则结果可能会受到影响。

图 3.1-7　激光位移传感器参数图

图 3.1-8　激光位移传感器

（2）微型电阻应变计

试验使用的微型电阻应变计为中航电测仪器股份有限公司生产的BF120-3AA型电阻应变计(见图 3.1-9)，技术指标参数见表 3.1-2，其基底

057

尺寸为 6.4 mm×3.5 mm,敏感栅尺寸为 2.8 mm×2.0 mm。BF 系列电阻应变计采用改性酚醛基底,康铜箔制成,全封闭结构;可同时实现温度自补偿和蠕变自补偿;精度高,稳定性好,使用简便,应变计电阻范围 60~1 000 Ω,仅适用于常温性能达到 C3 级传感器使用要求。

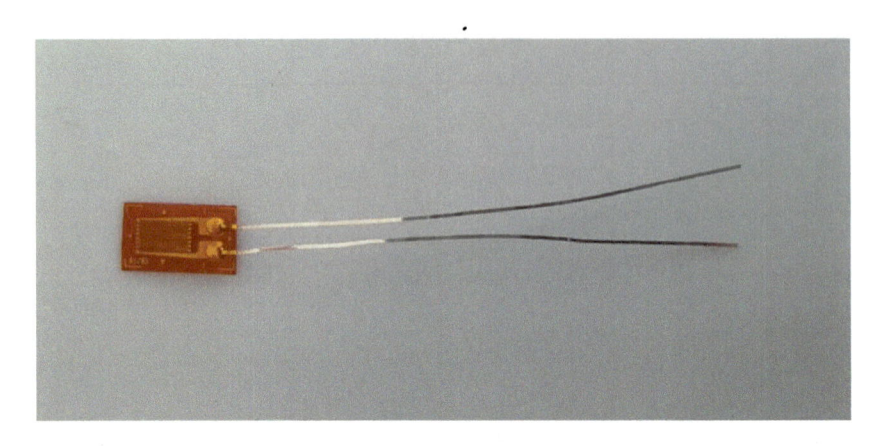

图 3.1-9　BF120-3AA 型电阻应变计

表 3.1-2　应变计技术指标参数

基底材料	敏感栅材料	电阻值(Ω)	对平均电阻值公差	典型灵敏系数
改性酚醛	康铜	120	≤±0.1%	2.00~2.20
灵敏系数分散	应变极限	疲劳寿命	使用温度范围(℃)	—
≤±1%	2.0%	≥10^7(±1 000)	−30~+80	—

3.1.2　试验设计

3.1.2.1　模型比尺

综合考虑现场隧道的尺寸、隧道与栈桥的距离,结合地层特点、模型箱尺寸、模型制作难度、试验稳定性和边界条件等因素,选定模型比尺为 $N=100$。以质量 M、长度 L、时间 T 作为基本物理量,则模型与原型主要物理量之间关系见表 3.1-3。

表 3.1-3　模型与原型主要物理量关系表

内容分类	物理量	量纲	模型与原型之比
几何尺寸	长度	L	$1:100$
	面积	L^2	$1:100^2$
	体积	L^3	$1:100^3$
材料性质	含水量	—	$1:1$
	容重	$ML^{-2}T^{-2}$	$100:1$
	质量	M	$1:100^3$
	密度	ML^{-3}	$1:1$
	不排水剪强度	$ML^{-1}T^{-2}$	$1:1$
	内摩擦角	—	$1:1$
	变形系数	$ML^{-1}T^{-2}$	$1:1$
	抗弯刚度	ML^3T^{-2}	$1:100^4$
	抗压刚度	MLT^{-2}	$1:100^2$
外部条件	加速度	LT^{-2}	$100:1$
	集中力	MLT^{-2}	$1:100^2$
	均布荷载	$ML^{-1}T^{-2}$	$1:1$
	力矩	ML^2T^{-2}	$1:100^3$
性状反应	应力	$ML^{-1}T^{-2}$	$1:1$
	应变	—	$1:1$
	位移	L	$1:100$
	时间（动态过程惯性）	T	$1:100$
	时间（渗流、固结等）	T	$1:100^2$
	时间（蠕变、黏滞流）	T	$1:1$

3.1.2.2　研究区域范围和模型布置

由于模型箱尺寸为 1 000 mm×1 200 mm，即 100 g 条件下模拟实际范围 100 m×120 m 范围，不足以满足实际现场要求，故先验证数值模型参数，之后再建立与现场完全一致的模型（见图 3.1-10～3.1-11）。

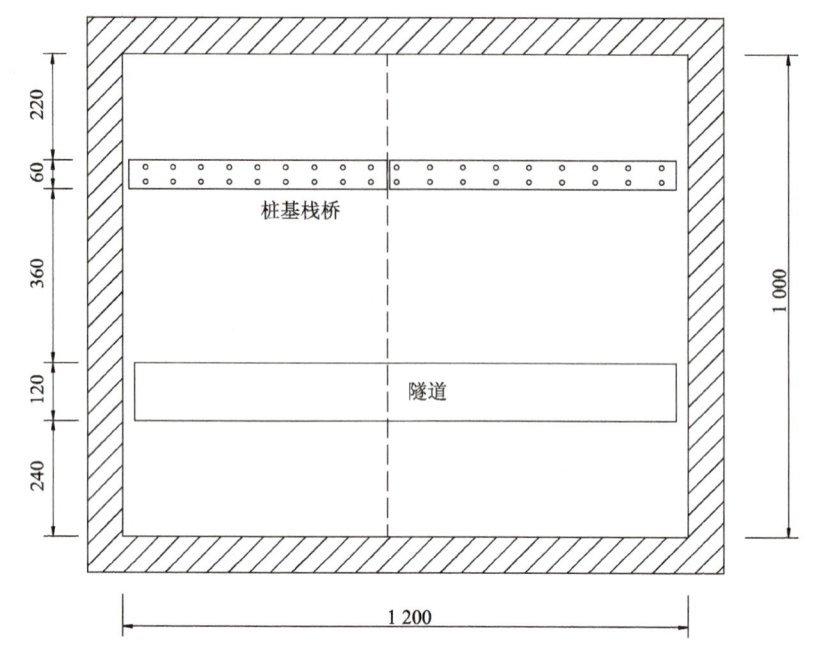

图 3.1-10 试验平面布置图(单位：mm)

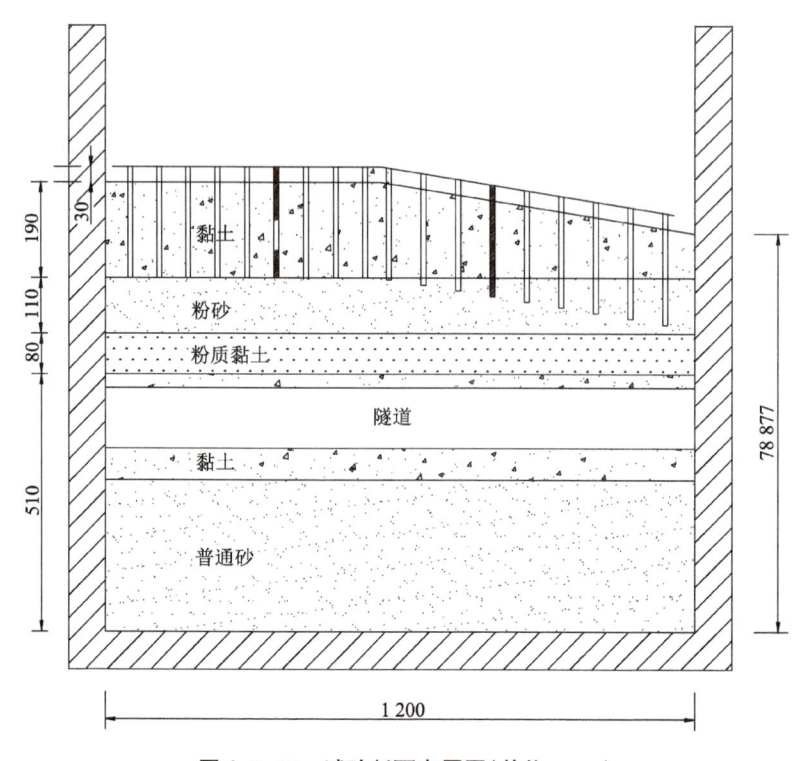

图 3.1-11 试验剖面布置图(单位：mm)

3.1.2.3 栈桥模型换算

根据相似原理,模型应采用与原型材料一致的钢筋混凝土制成。当处理小型结构物模型时,采用原型混凝土材料将导致结构过于薄弱,显然采用混凝土材料是不合适的。因此,按照等效刚度相似原则选取与原型钢筋混凝土密度/泊松比相近、结构更为紧密、性质更均匀的铝合金材料进行替代,根据拟采用离心机加速度,通过比例尺换算出桥梁基础的模型尺寸。计算过程如下:

在桩基的各项物理力学参数中,影响桩基水平变形量最显著的是桩基抗弯刚度,因而必须保证模型纵向抗弯刚度的等效性。模型抗弯刚度等效公式为:

$$\frac{E_P I_P}{E_M I_M} = N^4 \qquad (3.1-1)$$

式中:E——等效弹性模量;

I——截面惯性矩,6061 铝合金弹性模量为 69 GPa,相似比 $N = 100$。

3.1.2.4 隧道开挖模拟

采用排液法模拟盾构开挖引起的地层损失,通常情况下,分四级模拟地层损失率,即 0.5%、1%、1.5% 和 2%。盾构通长开挖,即模型实验中一次排完规定体积的液体。

3.1.3 试验过程

3.1.3.1 模型加工制作

(1) 模型隧道

模型隧道由一个哑铃型的铝合金架和 1 mm 的橡胶膜组装而成(见图 3.1-12)。使用喉箍和皮筋将橡胶膜牢固绑扎在铝合金架两端,确保隧道的密封性。铝合金架两端上下处各有 1 个排水孔,通过下排水孔进水,上排水孔排气,将隧道注满水。下部排水管与控制气阀连接,通过释放橡胶膜内液体来模拟隧道开挖效应,每次释放的水量为隧道总体积的 0.5%,即 55.1 mL 的水。连续释放四次液体,模拟 0.5%、1%、1.5% 和 2% 的地层损失。

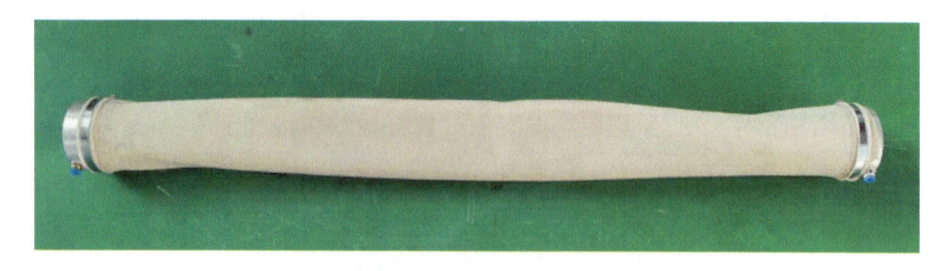

图 3.1-12　模型隧道

（2）排水装置

盾构隧道的分步开挖由 4 个电磁阀、4 个气阀和若干水管、转换接头组成，反复测试其密封性，确保不漏气和畅通。离心机高速旋转时，利用压缩空气打开气阀，释放模型隧道中的液体模拟盾构开挖效应。

图 3.1-13　组装完成的排水装置

（3）模型桩基栈桥

根据前期试验设计开展模型加工工作，模型桩使用现成的 ϕ10 mm×8.4 cm 铝合金管制成，栈桥平台为铝合金块体经铣削加工而成，在平台底部预留插销，将模型桩砸进插销中形成刚性连接（见图 3.1-14、图 3.1-16）。

3.1.3.2　应变片粘贴及标定

（1）应变片粘贴

设计弯矩测点如图 3.1-15 所示，相邻应变片间隔为 50 mm，每根桩 5 个弯矩测点，每个测点由 2 个应变片组成半桥桥路，4 根桩共安装了 20 个弯矩测点。

图 3.1-14　模型栈桥

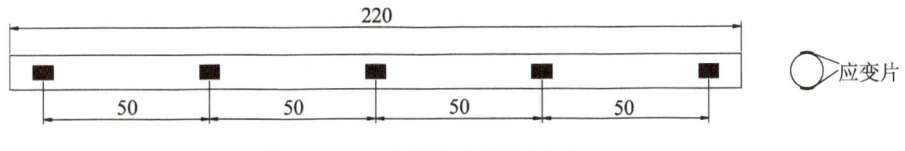

图 3.1-15　应变片布置图(单位：mm)

应变片粘贴完毕后,按照半桥电路进行接线,然后进行测试,最后涂抹环氧树脂进行防水处理,待环氧固化后进行标定。

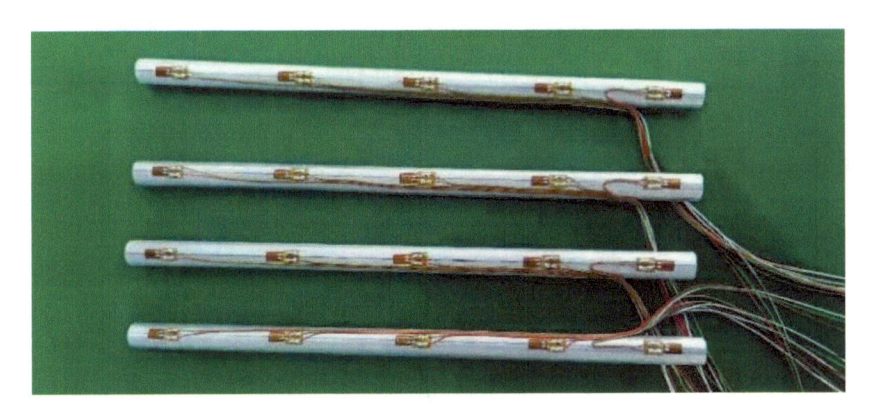

图 3.1-16　模型桩

(2) 弯矩标定

模型管线制备完毕后,对每组应变片进行标定获得应变片的系数。图

3.1-17 显示了连续管线应变片的标定方法。将连续管线简化成两端支撑的简支梁,在管线中间位置悬挂砝码来逐级施加荷载。每级荷载施加结束,需等电压值稳定后才能施加下一级荷载,记录每级荷载下各个应变片的电压读数。荷载施加顺序为 12.75 N→19.13 N→25.51 N→31.89 N→38.27 N。基于荷载施加点的位置,计算每级荷载下应变片位置处的弯矩,获取每级荷载下弯矩和电压的对应关系。盾构下穿时,一旦获取应变片电压变化,便可获得管线的弯矩。

图 3.1-17　模型桩弯矩标定

3.1.3.3　试验用砂和用土制备

(1) 土体材料制备原则

由于试验无法获得原状土样,选取天津滨海新区沿海吹填区的粉质黏土、高岭土、福建标准砂作为基土进行各层土样的配制,通过不同的比例来混合干土样,参考现场勘测资料中的含水率、密度和不排水抗剪强度等指标开展室内试验,并与勘测资料进行对比,误差小于 5% 方可达到试验要求。

(2) 土体材料参数

参考现场勘测资料确定试验用土和用砂指标,现将地基土层及砂层制模指标参数列入表 3.1-4 中,如下所示:

表 3.1-4　试验土层参数指标

土层编号	类别	密度(kg·m^{-3})	黏聚力(kPa)	内摩擦角(°)
1	黏土	1 850	7.2	14.8
2	粉砂	2 050	33.0	0
3	粉质黏土	2 000	10.3	19.7
4	黏土	1 950	12.8	24.8

（3）土体材料制备过程

针对不同类型的土样将采取不同的方法进行制备。粉质黏土经过烘干—粉碎—筛分—拌和等步骤完成土样的制备，如图 3.1-18 所示。

(a) 烘干 　　　　　　　　　　(b) 粉碎

(c) 筛分 　　　　　　　　　　(d) 拌和

图 3.1-18　土体材料制备过程

为减少模型箱壁的边界效应对试验的影响,在模型箱内壁涂抹硅油,以减小模型边界的影响,模拟半无限场地。

(4)振动击实法(黏土层)

振动击实法需要分层对土体进行击实,采用与现场相同的干密度作为制样的控制参数,制样过程中需要保证同层土不同部位的击实次数相同,以保证同层土的参数一致。完成一层土的制备后,需要将土的表面进行刮毛处理,以增加各层土之间的咬合度。

(5)砂雨法制模(砂层)

砂雨法制模形成的土层密实度和落砂高度有关,为保证模型土样的均匀性,试验前预先进行砂雨法落距标定,并进行压实,控制相对密实度。然后将预先备好的砂样装入沙箱中,将沙箱吊起至指定初始高度,采用圆形落砂筛嘴进行分层洒砂,控制层高,后逐步调整砂雨器高度保持标准落距(见图3.1-19、图3.1-20)。

图3.1-19 砂雨法洒砂　　图3.1-20 撒砂完成

3.1.3.4 隧道埋设

当地基土制备到隧道底部标高后,将隧道模型置于土面上,确保其水平放置且垂直于侧壁。隧道底部进水孔接上水管,利用连通器原理将隧道注满水,注满水后将上部排气孔和下部排水管堵住,确保隧道的密封性,随后进行隧道两侧和上部的土体制作(见图3.1-21)。

图 3.1-21　隧道埋设

3.1.3.5　栈桥模型安装

在完成上部黏土层制备后,将栈桥模型整体锤击打入模型土中,锤击过程中时刻观察栈桥的水平位置和桩基垂直情况,以保证与设计一致,待栈桥模型安装到位后进行固结,固结完成后对坡面进行削坡(见图3.1-22)。

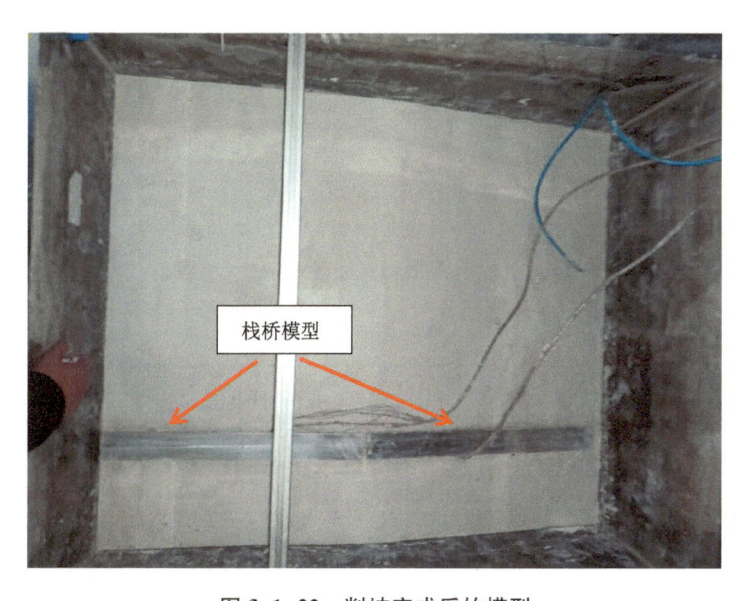

图 3.1-22　削坡完成后的模型

3.1.3.6 位移传感器安装

吊运模型箱至离心机试验平台,开始安装激光位移传感器。用铝合金型材固定住每个传感器,在栈桥模型的水平段和斜坡段分别布置2个竖向位移测点和1个水平向位移测点。

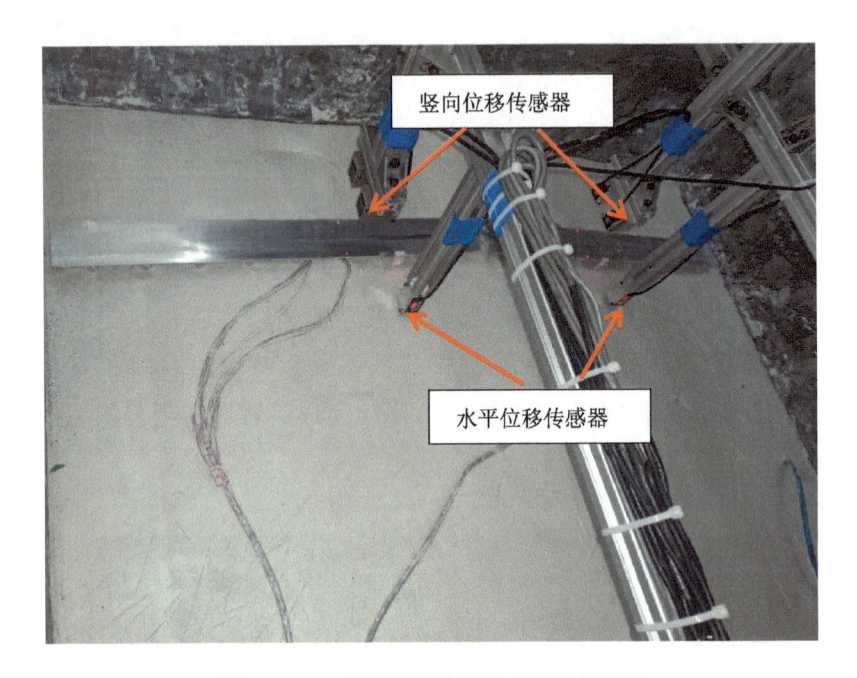

图 3.1-23　安装激光位移传感器及其支架

3.1.3.7 排水装置安装

在模型箱外侧安装排水装置,将 4 根容积恰好是 0.5% 体积隧道水的水管与排水装置相连并在管内滴入黑墨水,在末端用转接头连接一细软管,固定在模型箱外侧壁,其目的是在试验过程中,可以通过细管黑墨水水平面的位移更容易观察到隧道排水是否成功。连接离心机控制气阀,依次测试各水管和阀门的密封性和畅通性后,用高黏度胶布将排水装置固定在试验平台和模型箱外侧壁上。粘贴过程中,确保水管不受折,否则会导致隧道里的水无法排出。

图 3.1-24　排水阀及其控制管路 　　　　图 3.1-25　存水水管

3.1.3.8　试验步骤

启动离心机，逐级增加重力加速度，增加 g 的步骤为 $1g \rightarrow 20g \rightarrow 40g \rightarrow 60g \rightarrow 80g \rightarrow 100g$。$100g$ 稳定 1 h，待所有传感器数据稳定后，打开第一个气阀开关，隧道排出 0.5% 的水，模拟 0.5% 的地层损失，实时监控细管中黑墨水液面上升情况和各个传感器数据，确保试验正常进行。待所有传感器数据再次稳定，依次打开其他阀门，模拟 1%、1.5%、2% 的地层损失。最

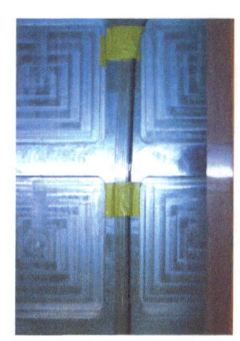

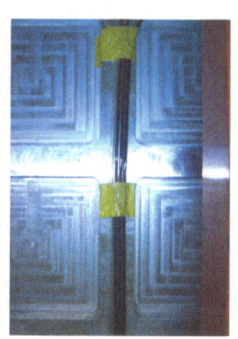

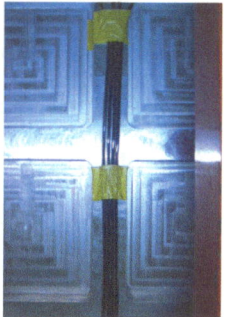

(a) 第 1 次　　(b) 第 2 次　　(c) 第 3 次　　(d) 第 4 次

图 3.1-26　排水开挖过程

后,盾构隧道开挖完成后,逐渐减小重力加速度至 1 g。试验结束后,测量出隧道第 1~4 次排水体积分别为 55.32 ml、55.23 ml、55.16 ml、55.06 ml,与 0.5% 地层损失对应的 55.1 ml 十分接近,表明此方法可以精确控制盾构施工引起的地层损失。

3.2 离心机模型试验的数值模拟

3.2.1 数值模型的建立

基于 FLAC3D 有限差分数值软件对离心机模型试验进行数值模拟分析,通过将数值模拟结果和试验结果的对比分析,来验证模拟隧道结构-土体-栈桥结构相互作用的数值模型的有效性,并对相应的参数进行标定,为后面下一步原型隧道穿越水上服务区影响的数值模拟奠定基础。

3.2.1.1 隧道及地层数值模型

基于 FLAC3D 有限差分数值软件建立数值模型,数值模型与离心试验模拟区域一致,包括地层、隧道结构、栈桥结构等,不同颜色的网格代表不同的材料分区。模型 x、y、z 方向尺寸为 120 m×100 m×90 m,由 180 678 个单元和 187 355 个节点组成,盾构隧道开挖轴向沿 x 轴方向,盾构管片采用多层均匀实体单元模拟以反映盾构管片真实应力状态。

3.2.1.2 栈桥及桩基数值模型

在栈桥结构模拟中,栈桥上部结构采用实体单元进行模拟,栈桥桩基采用 FLAC3D 内置 pile 结构单元进行模拟,以反映桩基结构真实轴力及弯矩等内力状态。为了实现 pile 结构单元与土体单元的有效耦合,每根桩沿轴向间隔设置一个 pile 结构单元。

3.2.2 土体本构模型及参数确定

3.2.2.1 Mohr-Coulomb(M-C)本构模型

1900 年 Mohr 提出著名的 Mohr 模型,即

$$\tau_n = f(\sigma_n) \tag{3.2-1}$$

材料处于临界状态时其对应的应力摩尔圆将与上式所表示的包线相切。摩尔包线可以有多种形式，最简单的是由 Coulomb 于 1776 年提出的库仑公式：

$$\tau_n = c + \sigma_n \tan \varphi \tag{3.2-2}$$

式中，τ_n——极限抗剪强度；

σ_n——受剪面上的法向应力，受拉为正；

c、φ——岩土的黏聚力及内摩擦角。

根据摩尔定律可以得出临界状态时材料应力必须满足的几何关系，可以推广到平面应力状态而成为摩尔-库仑(M-C)条件。

因为 $\tau_n = R \cos \varphi$

$$\sigma_n = \frac{1}{2}(\sigma_x + \sigma_y) + R \sin \varphi = \frac{1}{2}(\sigma_1 + \sigma_3) + R \sin \varphi \tag{3.2-3}$$

代入得：

$$R = c \cos \varphi - \frac{1}{2}(\sigma_1 + \sigma_3) \sin \varphi \tag{3.2-4}$$

式中：R 是摩尔应力圆半径；σ_1 是第一主应力；σ_3 是第三主应力。

$$R = \left[\frac{1}{4}(\sigma_x - \sigma_y)^2 + \tau_{xy}^2\right] = \frac{1}{2}(\sigma_1 - \sigma_3) \tag{3.2-5}$$

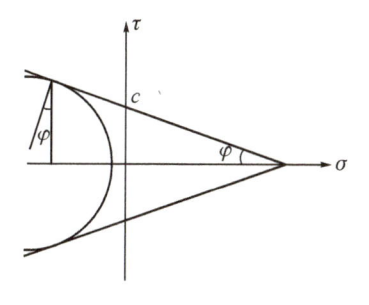

图 3.2-1　Mohr-Coulomb(M-C)本构模型

还可用主应力 σ_1、σ_3 表示成：

$$\frac{1}{2}(\sigma_1-\sigma_3)=c\cos\varphi-\frac{1}{2}(\sigma_1+\sigma_3)\sin\varphi \quad (3.2-6)$$

由单元体平衡条件得出三个主应力 σ_1、σ_2、σ_3 关系式如下：

$$\begin{pmatrix}\sigma_1\\\sigma_2\\\sigma_3\end{pmatrix}=\frac{2}{\sqrt{3}}\sqrt{J_2}\begin{pmatrix}\sin\left(\theta_\sigma+\frac{2}{3}\pi\right)\\\sin(\theta_\sigma)\\\sin\left(\theta_\sigma-\frac{2}{3}\pi\right)\end{pmatrix}+\begin{pmatrix}\sigma_m\\\sigma_m\\\sigma_m\end{pmatrix} \quad (3.2-7)$$

式中：σ_1 是第一主应力；σ_2 是第二主应力；σ_3 是第三主应力；σ_m 是平均应力。

可得

$$F=\frac{1}{3}\sin\varphi I_1+\left(\cos\theta_\sigma-\frac{1}{\sqrt{3}}\sin\theta_\sigma\sin\varphi\right)\sqrt{J_2}-c\cos\varphi=0$$

$$(3.2-8)$$

或

$$F=\frac{\sin\varphi}{\sqrt{3}(\sqrt{3}\cos\theta_\sigma-\sin\theta_\sigma\sin\varphi)}I_1+\sqrt{J_2}-\frac{\sqrt{3}c\cos\varphi}{(\sqrt{3}\cos\theta_\sigma-\sin\theta_\sigma\sin\varphi)}=0$$

$$(3.2-9)$$

式中：F：最大切应力；

I_1：有效应力张量第一不变量；

J_2：有效应力偏张量第二不变量；

θ_σ：罗德角。

其中，$-\pi/6\leqslant\theta_\sigma\leqslant\pi/6$。

在主应力空间中，M-C 准则在主应力空间的屈服面是一个不规则的六角形角锥体，其在 π 平面上屈服曲线表现为一个不规则的六角形。证明如下：

分别记压缩和拉伸试验破坏线与 π 平面上的屈服线交点为 A、B，π 平面迹线与静水应力线交点为 O，$R_c = OA$，$R_t = OB$，则 R_c，R_t 即为 π 平面上压缩和拉伸破坏圆半径。

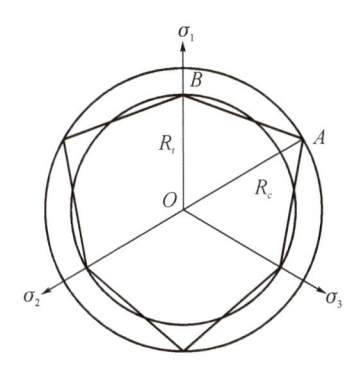

图 3.2-2　不规则六角形的论证

当三轴压缩试验时，$\sigma_1 = \sigma_2$，

$$R_c = (r_\sigma)_c = \sqrt{\frac{2}{3}} q = \sqrt{\frac{2}{3}} (\sigma_1 - \sigma_3)_c \tag{3.2-10}$$

$$\sigma_m = \frac{1}{3}(\sigma_1 + \sigma_2 + \sigma_3) = \frac{\sigma_1 + \sigma_3}{2} + \frac{\mu_\sigma}{6}(\sigma_1 - \sigma_3) \tag{3.2-11}$$

$$\sigma_1 + \sigma_3 = 2\sigma_m - \frac{\mu_\sigma}{3}(\sigma_1 - \sigma_3) \tag{3.2-12}$$

式中：r_σ：半径；q：屈服极限；σ_m：平均应力；μ_σ：罗德参数。

代入 M-C 公式得：

$$\sigma_1 - \sigma_3 = (2c\cos\varphi - 2\sigma_m\sin\varphi) \frac{1}{1 - \frac{\mu_\sigma}{3}\sin\varphi} \tag{3.2-13}$$

由于 $\mu_\sigma = 1$，则

$$(\sigma_1 - \sigma_3)_c = (2c\cos\varphi - 2\sigma_m\sin\varphi) \frac{1}{1 - \frac{1}{3}\sin\varphi} \tag{3.2-14}$$

当三轴拉伸试验时，$\mu_\sigma = -1$，则

$$R_t = \sqrt{\frac{2}{3}}(\sigma_1 - \sigma_3)_t \tag{3.2-15}$$

$$(\sigma_1 - \sigma_3)_t = (2c\cos\varphi - 2\sigma_m\sin\varphi)\frac{1}{1+\frac{1}{3}\sin\varphi} \tag{3.2-16}$$

因而

$$\frac{R_t}{R_c} = \frac{(\sigma_1 - \sigma_c)_t}{(\sigma_1 - \sigma_c)_c} = \frac{3-\sin\varphi}{3+\sin\varphi} \tag{3.2-17}$$

实际情况 $\varphi \geqslant 0$，因此 $0 \leqslant R_t/R_c \leqslant 1$。由此表明 M—C 屈服曲线是不规则的六角形。这是因为岩土压缩状态与伸长状态下罗德参数 μ_σ 不同而造成 π 平面屈服曲线呈不规则六角形。当 $\varphi = 0$，在 π 平面上就成为规则的六角形，即为 Tresca 准则。

3.2.2.2 Drucker-Prager(D-P)本构模型

在平面应变状态，Drucker、Prager 于 1952 年在 Mises 强度条件的基础上，应用关联流动法则与 M-C 公式对比，考虑平均应力 p 或 I_1 后首先提出的，该准则表达式如下：

$$F = \alpha I_1 + \sqrt{J_2} - k = 0 \tag{3.2-18}$$

式中：I_1 为有效应力张量第一不变量；

J_2 为有效应力偏张量第二不变量。

经过后人的不断推导发展，得出不同受力条件下（即不同的 θ_σ）的 α、k 值，当 $\varphi = 0$ 时，即为 Mises 准则。D-P 准则在 π 平面上的屈服曲线仍是一个圆，因为 αI_1 只影响 π 平面上圆的大小，不影响 π 平面上的形状，所以，其在主应力空间的屈服曲面为一圆锥形。不同的 α、k 在 π 平面上代表不同的圆，共有 5 种与 M-C 条件相关的 α、k 值，相对应的有 5 个圆：(1)M-C 外角点外接圆准则(DP1)；(2)M-C 内角点外接圆准则(DP2)；(3)M-C 内切圆准则(平面应变关联法则下 M-C 条件，DP3)；(4)M-C 等面积圆准则(DP4)；(5)M-C 匹配 D-P 圆(平面应变非关联法则下 M-C 条件，DP5)。

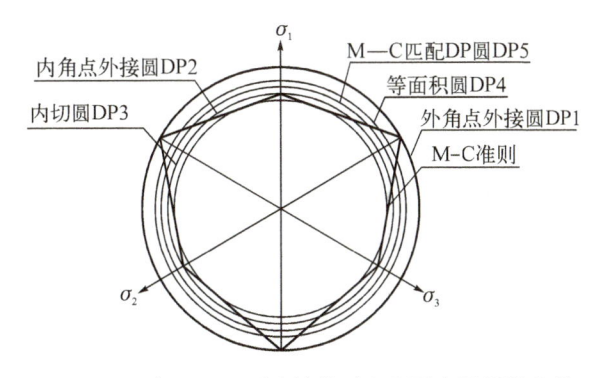

图 3.2-3 各 D-P 系列本构模型在平面上的屈服曲线

θ_σ 是反映材料受力状态的重要参数，然而 D-P 系列本构模型对应的 θ_σ 取值范围较为有限，考虑将 θ_σ 扩展由 $-30°$ 到 $30°$ 的整个连续范围，这样便可以反映出岩土材料从拉剪状态到压剪状态全部丰富的受力形态，当 θ_σ 取为某一定值时，即为该定值下与 M-C 准则对应 D-P 系列本构模型，其物理意义表示该应力状态下对应的 D-P 本构模型，反映的是该受力条件下的材料力学强度特性。

3.2.2.3　由 M—C 推导 D—P 模型 α、k 值

对比式可知：

$$\alpha = \frac{\sin\varphi}{\sqrt{3}(\sqrt{3}\cos\theta_\sigma - \sin\theta_\sigma\sin\varphi)}, \quad k = \frac{\sqrt{3}c\cos\varphi}{\sqrt{3}\cos\theta_\sigma - \sin\theta_\sigma\sin\varphi}$$

(3.2-19)

式中：φ 为切向角；k 为曲率。

在式中取不同的 θ_σ 值，即有不同的 α、k 值，由此可以得到大小不同的圆锥形屈服面。

表 3.2-1　各 D—P 模型 α、k 参数表

编号	$\theta_\sigma/°$	本构模型类型	α	k
DP1	30	M-C 外角点外接圆	$\dfrac{2\sin\varphi}{\sqrt{3}(3-\sin\varphi)}$	$\dfrac{6c\cos\varphi}{\sqrt{3}(3-\sin\varphi)}$

(续表)

编号	$\theta_\sigma/°$	本构模型类型	α	k
DP2	-30	M-C 内角点外接圆	$\dfrac{2\sin\varphi}{\sqrt{3}(3+\sin\varphi)}$	$\dfrac{6c\cos\varphi}{\sqrt{3}(3+\sin\varphi)}$
DP3	$-\arctan\left(\dfrac{\sin\varphi}{3}\right)$	M-C 内切圆	$\dfrac{\sin\varphi}{\sqrt{3}\sqrt{3+\sin^2\varphi}}$	$\dfrac{3c\cos\varphi}{\sqrt{3}\sqrt{3+\sin^2\varphi}}$
DP4	$11\sim11.83$	M-C 等面积圆	$\dfrac{2\sqrt{3}\sin\varphi}{\sqrt{2\sqrt{3}\pi(9-\sin^2\varphi)}}$	$\dfrac{6\sqrt{3}c\cos\varphi}{\sqrt{2\sqrt{3}\pi(9-\sin^2\varphi)}}$
DP5	0	M-C 匹配 DP 圆	$\dfrac{\sin\varphi}{3}$	$c\cos\varphi$

不同的 D-P 准则对应着不同的罗德角 θ_σ，当 θ_σ 取为某一定值时，即为该定值下与 M-C 准则对应 D-P 系列屈服准则，其物理意义表示该应力状态下对应的 D-P 本构模型，反映的是该受力条件下的材料力学强度特性。要想获取较为理想的计算结果，必须选取合适的、能反映岩土工程关键时刻、关键位置的实际受力状态的 θ_σ。

3.2.2.4 土体本构模型参数

FLAC3D 有限差分数值软件内置有 Drucker-Prager 本构模型，根据 Drucker-Prager 本构模型与 Mohr-Coulomb 本构模型的关系，在实验室中获取的 M-C 模型强度参数：黏聚力 c、内摩擦角 φ，可以用于计算 D-P 本构模型参数。选取应用最为广泛、对各种土体适应性最好的 DP1 模型计算 α、k 参数。

3.2.3 水上服务区—桩基—土体接触模型及参数

当隧道穿越水上服务区时，水上服务区栈桥与其桩基础、桩基础与周边扰动土体存在复杂的耦合作用模式。为了反映这一耦合作用过程，数值模型中需要考虑水上服务区栈桥与桩基础、桩基础与土体之间的接触形式。FLAC3D 数值软件中，采用 pile 结构单元进行桩基础模拟。假定桩帽与水上服务区栈桥在桩轴向为固定接触形式，水平向为弹性接触形式。则桩基

pile 单元和栈桥实体单元采用轴向固定接触，即 pile 单元节点与栈桥节点沿桩基轴向变形一致；考虑桥梁支座在水平向的变形协调能力，假定 pile 单元与栈桥在水平向为弹性接触形式并设置弹性接触刚度。

水上服务区桩基为摩擦端承桩，在桩端考虑桩端与土体的轴向固定接触，在桩侧考虑桩体与土体的摩擦接触。则假定 pile 单元在桩端节点与土体单元节点沿桩轴向变形一致，pile 单元节点在桩侧通过法向及切向耦合弹簧与土体单元节点相互作用，并考虑两组耦合弹簧的刚度参数及摩擦参数。

3.2.4 边界条件及模拟过程

3.2.4.1 边界条件

在离心试验数值模型 x、y 轴两侧面边界采用法向位移固定边界条件，竖向（z 轴）底部边界采用三向固定位移边界条件，即四周网格只能沿竖直方向运动，而底部网格不允许产生任何位移。

3.2.4.2 模拟过程

将制备完成后的模型放置于离心机吊篮上，开启离心机使离心机加速度逐级增加增加 g 的步骤为 1 g→20 g→40 g→60 g→80 g→100 g。100 g 稳定 1 h 使地层土体变形及栈桥结构内力处于稳定状态。然后通过逐次排液法，每次排除隧道模型橡胶膜内 0.5% 体积的液体，模拟 0.5%、1%、1.5%、2% 的地层损失。

在数值模拟中，模型建立完成后采用位移释放法来模拟隧道地层损失，通过控制单次位移损失增量为 0.5%，模拟试验排液法的地层损失过程，每产生一次地层损失对模型进行一次求解平衡，通过 4 次位移释放模拟离心实验过程。

3.3 原型隧道对栈桥影响数值模拟试验

3.3.1 数值模型的建立

基于 FLAC3D 有限差分数值软件建立数值模型，包括地层、隧道结构、码头结构等,不同颜色的网格代表不同的材料分区。模型 x、y、z 方向尺寸为 400 m×320 m×120 m,由 337 778 个单元和 329 712 个节点组成,x、y 轴两侧边界采用法向位移固定边界条件,竖向(z 轴)底部边界采用三向固定位移边界条件,即四周网格只能沿竖直方向运动,而底部网格不允许产生任何位移。盾构隧道开挖轴向沿 x 轴方向,盾构管片采用多层均匀实体单元及弹性本构进行模拟以反映盾构管片真实应力状态。在数值计算中,栈桥桩基采用 FLAC3D 内置 pile 结构单元进行模拟,以反映桩基结构真实轴力及弯矩等内力状态。

栈桥及桥面结构采用实体单元进行模拟以反映桥面位移分布特征。对隧道开挖过程中开挖面泥水压力、盾构地层损失等因素进行模拟。盾构地层损失采用控制位移释放方法进行精确化模拟,分别设置地层损失为 0.5%、1.0%、1.5%、2.0%。盾构掌子面压力采用控制掌子面应力释放法进行模拟,掌子面泥水压力沿纵向梯度分布,考虑泥水重度为 11.5 kN/m³,水体重度为 10 kN/m³,控制掌子面顶部泥水压力为地应力的 100%、50%、0% 三种开挖参数对盾构开挖过程进行模拟。

3.3.2 有限元计算工况

针对不同的地层损失率、泥水压力与水平地应力比值的工况,利用有限元数值模拟盾构隧道施工对水上服务区栈桥桩基的影响。

表 3.3-1 计算工况

码头计算工况	地层损失率 V	泥水压力与水平地应力比值 λ
工况 1	0.5%	0
工况 2	1.0%	0
工况 3	2.0%	0
工况 1	0.5%	0.5
工况 2	1.0%	0.5
工况 3	2.0%	0.5
工况 1	0.5%	1.0

(续表)

码头计算工况	地层损失率 V	泥水压力与水平地应力比值 λ
工况2	1.0%	1.0
工况3	2.0%	1.0

3.4 本章小结

（1）隧道对水上服务区影响主要体现施工期盾构隧道对水上服务区结构影响。对此，采用离心机模型试验和数值模拟结合手段进行研究。

（2）开展土工离心机模型试验，分析盾构施工引起码头栈桥桩基受力和变形情况。

（3）开展土工离心机模型试验的数值模拟，标定数值模拟参数，并验证数值模拟方法的合理性和可靠性。

（4）采用验证后的数值模拟方法开展原型隧道盾构施工的数值模拟，研究原型隧道盾构施工引起的码头栈桥桩基的受力和变形规律。

第 4 章

水上服务区船舶应急抛锚影响深度研究

水上服务区水域船舶靠离泊过程中可能出现紧急情况,船舶需要应急抛锚,则抛锚产生的荷载对隧道工程结构带来影响。因此,应在水上服务区水域河床极限冲刷基础上,研究船舶应急抛锚因素对隧道工程的影响。

根据《长江干线通航标准》:"水下过河建筑物应埋置于河床面以下,并留有足够的埋置深度。布置在航道内的,其顶部设置深度不得小于远期规划航道底高程以下 4 m;布置在航道外通航水域的,埋置于河床面以下不应小于 2 m。其埋置深度,尚应考虑局部河床冲刷、航行船舶应急抛锚等影响。"同航道影响因素一样,港池影响因素应考虑河床下切、船舶抛锚影响。

4.1 船舶应急抛锚过程

水上服务区船舶发生应急抛锚时,锚作用影响体现在应急抛锚—拖锚连续过程,其影响深度为锚贯入土体深度与冲击力影响深度之和。

船舶抛锚过程是船锚抛出后,在重力作用下自由下落入水后触及河床并贯入河床的过程。为准确计算船舶抛锚后河床的贯入量,可将整个过程模型化。由于各个过程船锚所处的环境及受力不同,将其划分为 3 个阶段:

(1) 从锚被抛出瞬间到船锚刚入水,其高度值用 h_1 表示;

(2) 从船锚入水到船锚刚贯入河床,其高度值用 h_2 表示;

（3）从船锚贯入河床之初到锚固定不动，其高度值用 h_3 表示。

针对各个过程的不同情况，建立相应模型。在锚下落运动的整个时间段，取竖直向下为正，建立坐标。

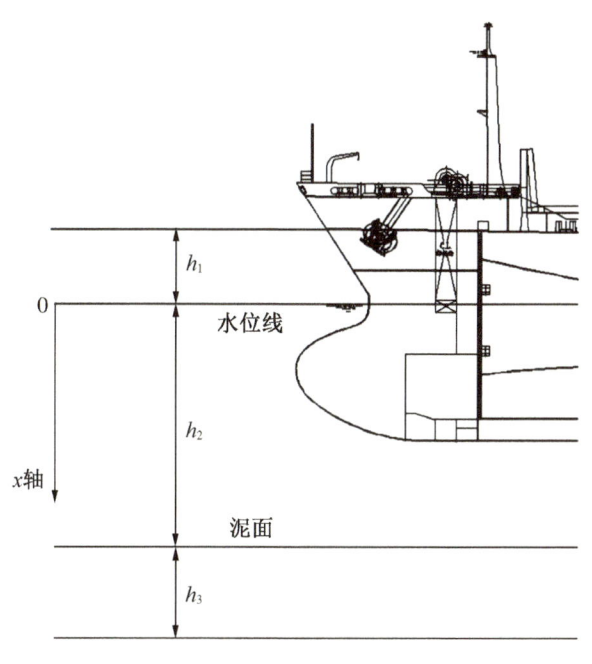

图 4.1-1　锚下落过程示意图

船舶锚泊时，船首锚抛落在贯入土体一定深度时，水流和风浪的作用使得船舶惯性漂移，锚链拉紧，锚轴和锚爪姿态反复动态调整；然后，在锚链拉力的作用，锚爪继续贯入土体，直至土体对锚的阻力达到船舶稳泊状态，这一过程为拖锚；而当锚抓力小于拉力时，即会产生走锚事故，需要船尾锚紧急抛锚。鉴于锚在土体中的运动姿态与土体力学性质、锚入土状态以及船舶漂移运动形态等密切相关，精确模拟其运动过程存在很大难度，图 4.1-2 为船舶抛锚-拖锚连续过程简化示意图。可以看出，对于船舶锚泊过程中锚的理论入土深度应为 D2＋D3。

(a) 抛锚　　　　　　　　(b) 抛锚贯入

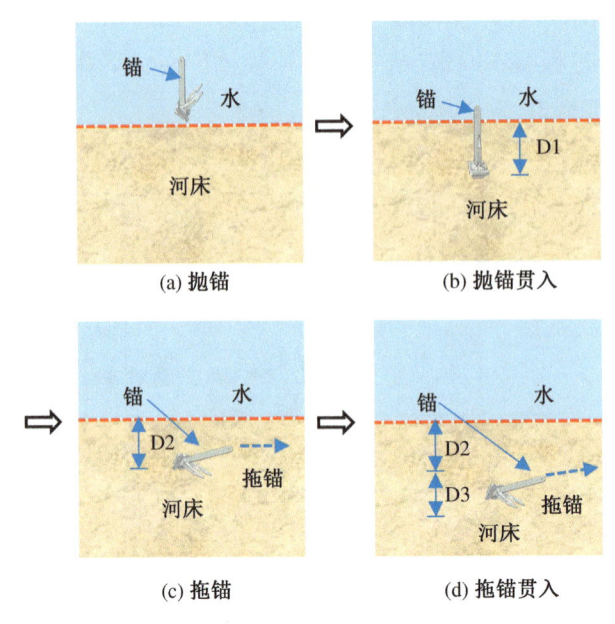

(c) 拖锚　　　　　　　　(d) 拖锚贯入

图 4.1-2　抛锚-拖锚连续示意图

4.2　参数选取

4.2.1　应急抛锚代表锚型

1) 霍尔锚

霍尔锚又称山字锚(图 4.2-1)。是一种锚爪可自由转动,与锚干成一定倾角的无杆锚。锚头与锚爪为一整体铸件。当锚平卧以锚爪的任何一面接触水底时,在锚链的拉动下,锚头突缘摩擦底土所产生的阻力迫使锚爪犁入底土产生抓力。其抓力约为锚重的 2.5～4.0 倍。这种锚制作简单、收藏方便、抓力较大,抓住性良好,是大中型船舶主锚选择的对象。

2) 海军锚

海军锚属于有杆锚,由锚卸扣、锚干、横杆(又称锚杆)、横杆销、锚臂和锚爪等构件组成(图 4.2-2)。横杆的作用是当锚卧底、横杆一端着地时,锚链拉动横杆迫使锚翻转,横杆平卧,锚臂垂直,一锚爪着地,当锚被继续拉动

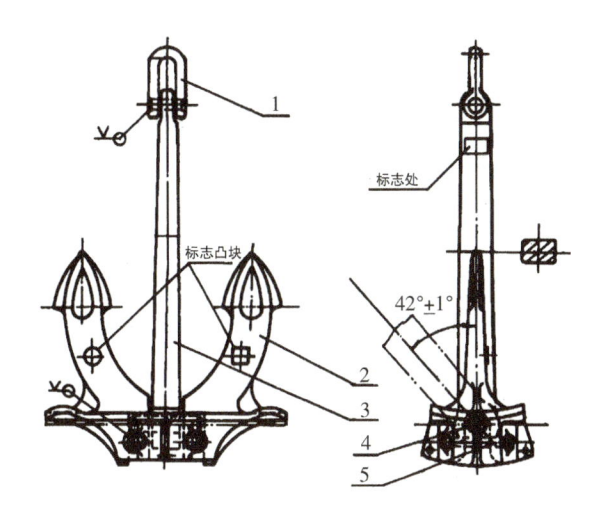

1—a型锚卸扣;2—锚爪;3—锚杆;4—小轴;5—横销

图 4.2-1 霍尔锚结构

时,横杆使锚臂垂直,迫使锚爪介入土中产生抓力。由于海军锚操作不便,露出泥面锚爪易缠绕锚链,浅水锚地还可能刮坏过往船舶船底,一般不做商船使用。

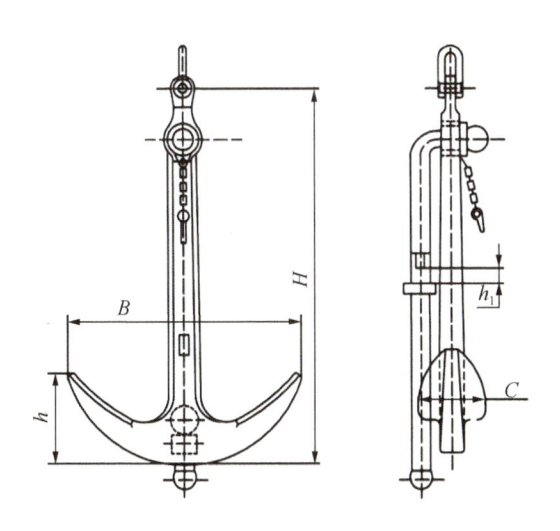

H:锚的高度 h:锚爪高度 B:锚爪宽度

图 4.2-2 海军锚结构

4.2.2 河床底高程和计算水深

船舶应急抛锚过程中,锚由船体至刚入水过程的下落属于自由落体运动。锚在不同高度下落,应急抛锚作业产生的锚入土深度不同。不同水位时,锚距离水面高度不同,则锚入水的速度不同,抵达河床时的速度也有区别。船舶在高水位时抛锚产生的锚入水速度大于低水位时。因此,需要分别确定工程水域现状和极限冲刷条件下的河底高程,依据设计高水位和设计低水位确定计算水深,为后续分析船舶应急抛锚确定计算边界。

4.2.3 触底速度

考虑锚从船上抛出,通过分析锚入水之前和入水过程的受力,得到锚在水中速度和深度的关系,可求得锚在水下任意水深时锚的速度。

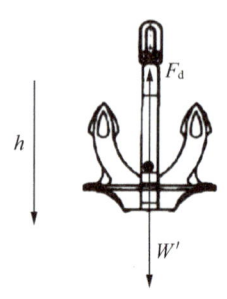

F_d:锚在水中阻力　W':锚的重力　h:高度

图 4.2-3　锚在水中的受力分析

船舶抛锚时,假设锚在静水中运动,根据式牛顿第二运动定律,得到:

$$(M+M_a)\frac{dv}{dt}=W'-F_d \quad (4.2-1)$$

$$(M+M_a)\frac{dv}{dt}=Mg\left(1-\frac{\rho_g}{\rho_a}\right)-\frac{1}{2}C_D\rho_w A_f v^2 \quad (4.2-2)$$

锚从水面上给定的位置开始抛下,根据自由落体运动速度公式,初始为条件:

$$v\Big|_{h=0}=\sqrt{2gh_1} \quad (4.2-3)$$

其中：M_a——附加质量(kg)；

t——锚在水下运动时间(s)。

$$\frac{dv}{dt}=\frac{dv}{dh}\cdot\frac{dh}{dt}=v\cdot\frac{dh}{dt} \quad (4.2\text{-}4)$$

可以写成

$$(M+M_a)v\cdot\frac{dh}{dt}=Mg\left(1-\frac{\rho_g}{\rho_a}\right)-\frac{1}{2}C_D\rho_w A_f v^2 \quad (4.2\text{-}5)$$

$$\frac{dh}{dt}=\frac{Mg\left(1-\frac{\rho_g}{\rho_a}\right)-\frac{1}{2}C_D\rho_w A_f v^2}{(M+M_a)v} \quad (4.2\text{-}6)$$

根据：

$$v\bigg|_{h=0}=\sqrt{2gh_1} \quad (4.2\text{-}7)$$

得到：

$$v=\sqrt{2g\left[\left(h_1-\frac{U}{C_D A_f}\cdot\frac{(\rho_a-\rho_w)}{\rho_w}\right)\cdot e^{-\frac{C_D A_f}{U(\rho_a+\rho_w)}h_2}+\frac{U}{C_D A_f}\cdot\frac{(\rho_a-\rho_w)}{\rho_w}\right]}$$

$$(4.2\text{-}8)$$

其中：g——重力加速度，取 9.81 kg/m²；

ρ_a——锚的密度，取 7 850 kg/m³；

ρ_w——水的密度，取 1 000 kg/m³；

U——锚的体积(m³)，根据《霍尔锚》(GB/T 546—2016)选取；

C_D——阻力系数(无量纲)，取 0.9；

A_f——锚的水平面投影面积(m²)，根据《霍尔锚》(GB/T 546—2016)选取；

v——锚的速度(m/s)；

h_1——空中高度(m)；

h_2——水深(m)。

结合给定的锚的参数，根据水深条件，可求出锚的触底速度。

由式可知：落锚触底速度受锚的质量 M、锚的水平面投影面积 A_f、空中高度 h_1 和水深 h_2 等参数的影响。根据相关研究成果，触底速度随锚的质量 M 增加而增加，随锚水平面投影面积 A_f 增加而减小。根据公式对上述水域不同船型和锚型的触底速度进行计算。

4.3 应急抛锚入土深度研究

目前，研究船舶应急抛锚入土深度的方法主要包括利用理论公式、数据拟合和 ABAQUS 有限元软件数值模拟等，不同研究方法考虑因素和计算结果存在一定区别。通常情况下，相同工况下，数据拟合计算值普遍比数值模拟值和理论公式计算值偏大，数值模拟值比理论公式计算值小，其主要原因在数据拟合值按锚重插值获得，未考虑河床底质的差异性。另外，理论计算值尽管考虑锚的重量、形状以及河床底质的差异，但土壤参数的选取范围宽泛，造成结果离散性较大。

4.3.1 理论公式

1) Young 公式

1997 年，Young 的《侵彻公式》报告在已有试验的基础上，给出了物体贯穿土壤深度计算公式（即 Young 公式），如下：

(1) 当 $v < 61 \text{ m/s}$ 时，

$$D = 0.0008 SN(W/A)^{0.7} \ln(1 + 2.5 v^2 \times 10^{-4}) \qquad (4.3\text{-}1)$$

(2) 当 $v \geqslant 61 \text{ m/s}$ 时，

$$D = 0.000018 SN(W/A)^{0.7}(v - 30.5) \qquad (4.3\text{-}2)$$

式中：D——贯穿深度，m；

N——物体的形状系数；

S——土壤系数；

W——物体的质量，kg；

v——物体接触土壤时的速度，m/s；

A——物体的横截面积，m²。

2) 土壤系数 S

土壤系数 S 的取值与一般的河床底质相对应，淤泥底质可取 10～20；砂底质可取 6～9；软泥底质可取 20～30；淤泥和砂混合底质可取 8～15，淤泥占主要则建议取 15，砂占主要则建议取 8，也可按混合比例内插取值。

3) 横截面积 A

以船舶最常用的霍尔锚为例，锚触底时的横截面积 $A \approx L \times B$，L 为锚爪长度，B 为锚爪宽度。霍尔锚的尺寸参数通常直接给出，未知情况下可参考《霍尔锚》(GBT 546—2016)中给出的尺寸。根据相关研究成果，锚的质量 m 与横截面积 A，存在如下公式关系：

$$A = 0.002\,7m^2 + 0.306\,7m + 0.459\,2 \tag{4.3-3}$$

式中：A——锚的横截面积，m²；

m——锚的质量，t。

4) 形状系数 N

结合相关抛锚试验的研究成果，取 $N=9.61$。

结合以上分析，公式可表示为：

(1) 当 $v < 61$ m/s 时，

$$D = 0.007\,7S(m/A)^{0.7} \times \ln(1 + 2.5v^2 \times 10^{-4}) \tag{4.3-4}$$

(2) 当 $v \geq 61$ m/s 时，

$$D = 0.001\,7S(m/A)^{0.7}(v - 30.5) \tag{4.3-5}$$

式中：D——贯穿深度，m；

S——土壤系数；

m——锚重，kg；

v——锚接触土壤时的速度，m/s；

A——物体的横截面积，m²。

4.3.2 数据拟合

参考建设部和国家技术监督局联合发布的《电力工程电缆设计标准》(GB 50217—2018)对通航水域海底电缆的埋设深度要求。一般情况下，随着船舶吨位的增大，锚重相应增大，应急抛锚后沉入水底的深度也随之增大。

表 4.3-1 锚重与贯入柔软沉积层深度的关系表

锚的重量(kg)	0.2	0.5	1	15	30
锚的贯入深度(m)	0.5	0.75	1.2	4.0	5.0

根据上表中数据采用二次曲线拟合数据处理技术，可以获得锚自由落体贯入土体深度与锚重之间的关系式：

$$Y = -0.005\,4X^2 + 0.306\,4X + 0.638\,9 \qquad (4.3\text{-}6)$$

式中：Y——锚贯入土地深度，m；

X——锚重，kg。

4.3.3 数值模拟

应急抛锚入土分析属于土体大变形分析范畴，研究采用 ABAQUS 中的 CEL 方法进行计算。CEL(coupled Eular-Lagrangian technique)方法是耦合的欧拉-拉格朗日方法的简称，该方法结合了拉格朗日有限元与欧拉有限元的特点。拉格朗日有限元方法是基于拉格朗日描述的有限元方法。拉格朗日描述以物质坐标为自变量，把物体变形和运动中的物质点的各个物理量表示为物质坐标与时间的函数，因此分析中有限元离散网格会随物体的形状变化而变化，当物体发生大变形时，有限元网格会产生严重的畸形，导致计算结果不收敛而终止。欧拉有限元方法是基于欧拉描述的有限元方法。欧拉描述以空间坐标为自变量，把物体变形与运动中物质各点物理量表示为空间坐标与时间的函数，因此计算中空间的网格形状、大小和位置保持不变，物质可以在网格之间流动，可以分析物质产生大变形的流动问题。

1) 计算模型的建立

为了使计算分析过程简便、易于收敛且不至于对计算结果造成较大影响,本章数值模拟做出如下假定:同一土层为均质且各向同性;抛锚过程中锚与土体之间的接触摩擦系数为常数;锚材料均匀。

考虑锚贯入土体属于大变形计算,采用 ABAQUS 有限元计算软件中欧拉-拉格朗日耦合模拟方法(CEL),模型水平向 80 m,竖向 100 m,厚度 80 m。锚采用刚体弹性本构,即忽略锚本身的应力与变形,砂土采用摩尔-库伦弹塑性本构模型,粉质黏土和淤泥质土采用修正剑桥模型。土层采用 EC3D8R 单元;锚采用 C3D8R 单元。网格划分时,锚贯入范围内土体网格加密,其他区域土体网格划分较疏。

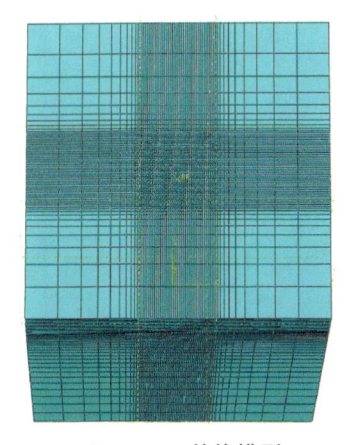

图 4.3-1 整体模型   图 4.3-2 锚模型

2) 本构模型及计算参数的选取

(1) 锚

锚采用刚体弹性本构模型,密度 7 850 kg/m³,弹性模量 207 GPa,泊松比 0.15。

(2) 土体

砂性土:摩尔-库仑弹塑性本构模型。

黏性土:修正剑桥本构模型,模型参数包括泊松比 ν、初始孔隙比 e_0、压缩曲线斜率 λ、回弹曲线斜率 κ、临界状态线斜率 M、常数 β、K。其中 K 在

$[0.778,1]$ 取值，$\beta<1$，ν、e_0 可采用常规方法确定，其他参数按下式确定。

$$M = \frac{6\sin\varphi'}{1-\sin\varphi'} \tag{4.3-7}$$

$$\lambda = \frac{C_c}{\ln 10} \approx \frac{C_c}{2.303} \tag{4.3-8}$$

$$\kappa = \frac{C_s}{\ln 10} \approx \frac{C_s}{2.303} \tag{4.3-9}$$

式中：C_c 为压缩指数；C_s 为回弹指数。

压缩曲线斜率 λ、回弹曲线斜率 κ、临界状态线斜率 M 分别和塑性指数 I_p 进行统计回归后得到如下线性关系：

$$M = -1.4022 \cdot I_p + 51.681 \tag{4.3-9}$$

$$\lambda = 0.0165 \cdot I_p - 0.1309 \tag{4.3-10}$$

$$\kappa = 0.0036 \cdot I_p - 0.0336 \tag{4.3-11}$$

黏性土弹性模量 E 按下式计算：

$$E = (2.5 \sim 3.5) \times E_s \tag{4.3-12}$$

式中：E——弹性模量；

E_s——压缩模量。

（3）接触模型

锚与土体，采用面-面滑动摩擦，摩擦角 δ 按下式计算：

$$\delta = \tan^{-1}\frac{\sin\varphi \times \cos\varphi}{1+\sin^2\varphi} \tag{4.3-13}$$

式中：φ 为土体内摩擦角。

锚及各土层（相同土层材料参数采用加权平均值）本构模型参数如下表所示。

(a) 正常工况　　　　　　　(b) 极限冲刷工况

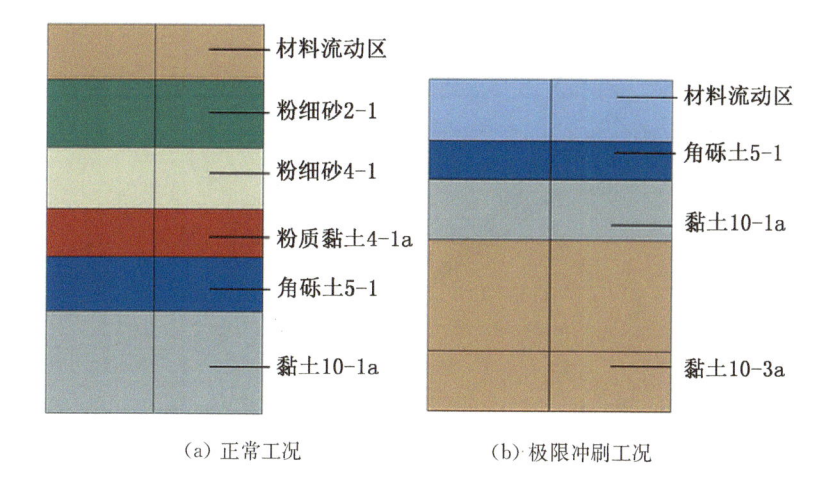

图 4.3-3　土层模型

3) 有限元计算过程

建立锚刚体模型和土体欧拉模型；输入锚和土体材料参数；进行初始地应力平衡；输入边界控制条件；施加初始速度；开始并行计算。

4) 模拟工况

在模拟工况的确定过程中主要考虑不同抛锚代表船型、河床底质、现状/极限冲刷、锚重和触底速度等因素。

4.4　拖锚入土深度分析

通过不同研究方法确定船舶应急抛锚入土深度后,在此基础上,进一步分析拖锚入土深度。通常情况,利用理论计算和数值模拟两种手段对水上服务区水域代表船型的应急抛锚后的拖锚入土深度进行研究。

4.4.1　理论计算

以霍尔锚为例进行理论计算,对于霍尔锚,锚结构剖面示意图如下所示。

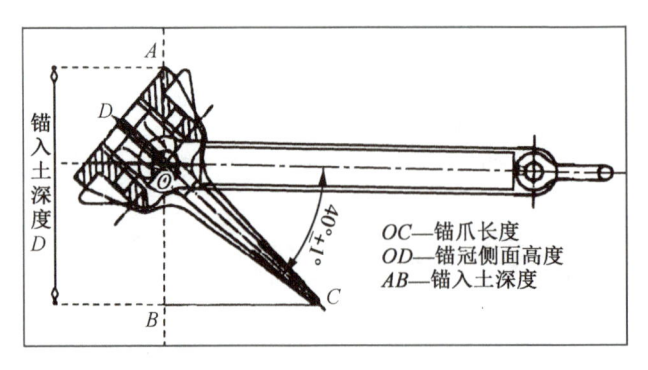

图 4.4-1 霍尔锚剖面示意图

设霍尔锚的锚爪长度为 $OC=h$，锚爪展开角度为 θ（取最大值，$\theta \approx 42°$），锚冠厚度为 $OD=h_1$，锚入土深度为 D，船舶应急抛锚后，在以下不同情况下锚入土的深度为：

(1) 锚爪全部没入河床，

$$D_1 = OC\sin\theta = h \cdot \sin\theta \tag{4.4-1}$$

(2) 锚冠全部没入河床，

$$D_2 = OD/\sin\theta + OC\sin\theta = \frac{h_1}{\sin\theta + h\sin\theta} \tag{4.4-2}$$

由以上公式，可以确定船舶拖锚航行时贯入土体深度。

4.4.2 数值模拟

1) 模型的构建

考虑船舶锚泊过程的复杂性，数值模拟进行如下简化：

(1) 忽略抛锚入土后锚杆和锚爪姿态调整过程；

(2) 忽略锚姿态调整过程中锚爪贯入抛锚冲击面深度以及拖锚过程中锚在土体中位置瞬时调整过程；

(3) 锚链水平力一次性施加，忽略锚链张紧过程。

根据上述简化方法，结合应急抛锚贯入土体深度，在相应位置建立拖锚计算模型，模型概化图如图 4.4-2 所示。锚采用刚体弹性本构，砂土采用摩尔-库伦弹塑性本构模型，粉质黏土和淤泥质土采用修正剑桥模型。土层采用 EC3D8R 单元;锚采用 C3D8R 单元。网格划分时,锚周围 2 倍于锚爪长度范围内土体网格加密,其他区域土体网格划分较疏。

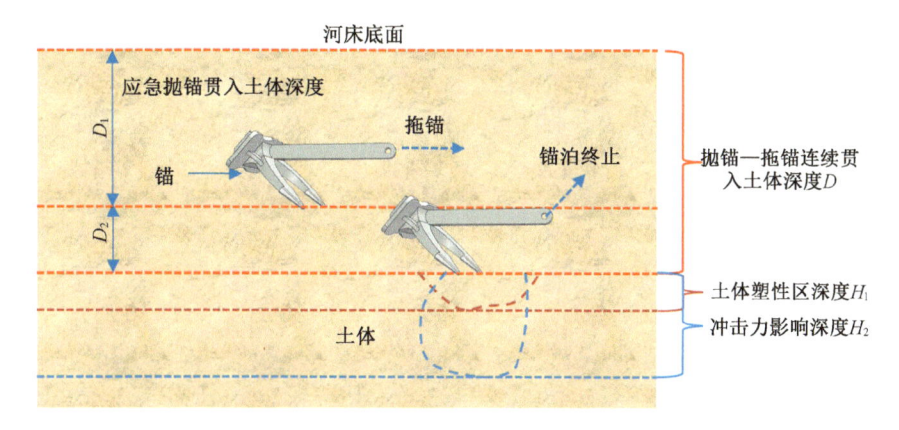

图 4.4-2　抛锚—拖锚连续数值模拟概化简图

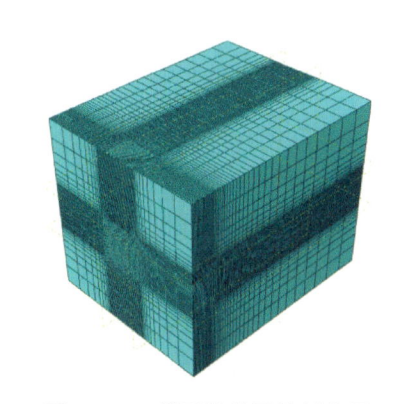

图 4.4-3　模型整体网格划分图

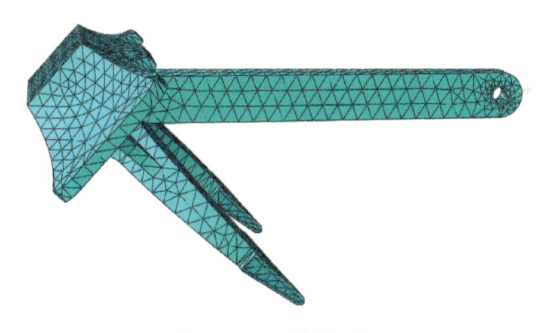

图 4.4-4　锚模型图

2) 模拟工况

考虑不同拖锚代表船型、锚重、锚的入土姿态和河床底质等影响,实际拖锚力一般为锚重的 3~5 倍。模拟的拖锚力取 4 倍锚重,计算时间按锚不再移动为止。

3) 有限元计算过程

(1) 建立锚刚体弹性和土体欧拉模型;

(2) 输入锚和土体材料参数;

(3) 进行初始地应力平衡;

(4) 输入边界控制条件;

(5) 施加拖锚力;

(6) 开始并行计算。

4.5 本章小结

(1) 提出了水上服务区船舶应急抛锚影响深度的研究方法。由于水上服务区水域船舶靠离泊过程中可能应急抛锚,产生一定抛锚入土深度。安全考虑,应在水上服务区水域河床极限冲刷基础上,研究船舶应急抛锚入土深度。

(2) 研究船舶应急抛锚入影响时,应先确定参数的选取:应急抛锚代表船型、河床底高程、触底速度等参数。综合考虑研究工程河段航运发展、现状规划通航船型、水上服务区运营代表船型和相关港口、航道规划,从而确定研究抛锚代表船型的锚型;不同水位时,锚距离水面高度不同,则应急抛锚入水的速度不同,抵达河床时的速度也有区别。依据设计高水位和设计低水位确定计算水深以及不同船型和锚型的触底速度。

(3) 提出研究船舶应急抛锚入土深度的不同方法,包括理论公式、数据拟合和 ABAQUS 有限元软件数值模拟等,不同研究方法考虑因素和计算结果不同。

(4) 在研究确定船舶应急抛锚入土深度的基础上,进一步利用理论计算和数值模拟两种手段对水上服务区水域代表船型的应急抛锚后的拖锚入土深度进行研究。

第 5 章

水上服务区沉船对隧道工程影响研究

由于大风、事故等，有可能发生船舶意外沉没，船舶沉没时会产生一定的贯入深度和冲击力影响深度，船舶沉没发生在隧道上方，可能会对隧道的结构产生影响。为保障隧道安全，在分析隧道埋置方案时，研究水上服务区沉船影响应在河床极限冲刷基础上开展。

5.1 沉船形态分析

当风浪较大、船舶型深较大时，沉船姿态有可能是侧翻；当船舶漏水时，其沉船姿态可能是正面下沉；当风浪极大，沉船姿态可能是倒扣。对于长江过往货船，其载重大、型深与型宽之比也较小、长江水风浪也相对较小，沉船类型多为正面下沉。隧道走向与长江走向垂直交叉，船舶行驶方向也与过江隧道垂直。因此，沉船后假定船舶姿态与过江隧道垂直，船舶以一定速度下沉没入水中直至船舶底表面与江底土面完全接触并达到稳定状态。

船舶沉没是指船舶因外来原因使舱内进水、失去浮力，导致货舱或驳船的甲板、机动船最高一层连续甲板浸没二分之一以上的一种状态。其主要原因主要为：

（1）船舶设计、制造不好，或装载、操作不当，导致船舶稳性不好，在暴风巨浪外力作用下发生翻船事故，水体进入船舱，使船舶失去浮力而沉没；

（2）水上航行的船舶由于操作不当，发生触礁或者相互碰撞事故，使船体破损，水体进入船舱，船舶失去浮力而沉没；

（3）在水上航行的船舶由于操作不当,发生触礁或者相互碰撞事故,使船体破损,水体进入船舱,使船舶失去浮力而沉没。船舶沉没受风浪流等因素的影响,其入水形态各异。

总体而言,大致上可以分为船体断裂、整体侧翻、坐底和翻转倒扣四种,侧翻和翻转倒扣沉船时,船舶所载均散落水中,其整体荷载相较于满载坐底沉船要小很多。因而,主要针对坐底沉船满载货物工况进行计算分析。

（1）船体断裂

（2）整体侧翻

（3）坐底

（4）翻转倒扣

图 5.1-1　沉船形态

5.2 沉船代表船型

在研究沉船入土影响深度时,应确定沉船代表船型。不同船型对应不同锚型,正常情况下,吨级越大的船舶,船体越重,载货越多。一旦发生沉船,船体下沉产生的入土深度越大。应综合考虑研究工程河段航运发展、现状/规划通航船型、水上服务区运营代表船型和相关港口/航道规划,从而确定研究沉船代表船型。

5.3 沉船触底速度模型

船舶下沉过程中其受力状态如图 5.3-1 所示,船舶除受向下的自重及货重 G 外,还受到向上的浮力 F 及下沉水阻力 R,根据船舶受力状态,建立船舶下沉速度、加速度与受力之间的关系,进而可求解船舶下沉至江底时的速度 v_1。在进行有限元分析时,对船舶模型施加一个相应的初始速度 v_0,在浮重度及初始速度 v_0 共同作用下,便可计算下沉后船舶入土深度及对隧道结构的影响程度。

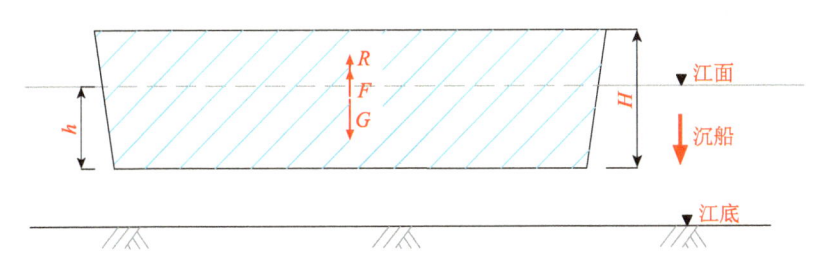

图 5.3-1 沉船过程中船舶受力示意图

$$ma = G - F - R \tag{5.3-1}$$

$$G = \rho_b g A H \tag{5.3-2}$$

$$F = \rho_w g A h \tag{5.3-3}$$

$$R = kA\rho_w v^2 \quad a = \frac{\mathrm{d}^2 h}{\mathrm{d}t^2} \tag{5.3-4}$$

$$v = \frac{\mathrm{d}h}{\mathrm{d}t} \tag{5.3-5}$$

$$\rho_b A H \frac{\mathrm{d}^2 h}{\mathrm{d}t^2} + kA\rho_w \left(\frac{\mathrm{d}h}{\mathrm{d}t}\right)^2 + \rho_w g A h - \rho_b g A H = 0 \tag{5.3-6}$$

式中：G —— 船舶及货物重量；

F —— 船舶下沉过程中所受浮力；

R —— 船舶下沉阻力；

ρ_b —— 船舶、货物平均密度，取 4 850 kg/m³；

ρ_w —— 水密度；

g —— 重力加速度；

k —— 船舶下沉阻力系数，参照相关文献取 1.13；

A —— 船舶平均截面积；

H —— 船舶型深；

h —— 船舶下沉入水深度；

a —— 船舶下沉加速度；

v —— 船舶下沉速度。

在研究确定沉船触底速度时，应按照不同代表船型沉船满载计算，考虑河床现状和极限冲刷不同条件下发生船舶沉没。

值得注意的是，由于沉船发生时，在各个船舱缓慢进水从而导致沉没的过程中，因船舶体积巨大，受风浪流的影响，船舶在水中下沉的阻力非常大，实际沉船过程中船舶的下沉速度是远小于理论值的。根据交通运输部上海打捞局和烟台打捞局的相关经验，实际沉船事故中，船体下沉速度基本不会超过 1 m/s，因此后续计算中都按照沉船速度 1 m/s 进行。

5.4 沉船有限元数值模拟

主要通过 ABAQUS 有限元数值模拟手段开展，研究沉船影响具体模型建立和模拟过程如下。

1) 计算模型的建立

为了使计算分析过程简便、易于收敛且不至于对计算结果造成较大影响，数值模拟做出如下假定：

（1）同一土层为均质且各向同性；

(2) 沉船中锚与土体、隧道与土之间的接触摩擦系数为常数；

(3) 船体和隧道材料均匀。

考虑船舶沉没入土体属于大变形计算，采用 ABAQUS 有限元计算软件中欧拉-拉格朗日耦合模拟方法（CEL）。船舶采用刚体弹性本构，即忽略船舶本身的应力与变形，砂土采用摩尔-库伦弹塑性本构模型，粉质黏土和淤泥质土采用修正剑桥模型。土层采用 EC3D8R 单元；船舶用 C3D8R 单元。网格划分时，船舶沉没入土范围内土体网格加密，其他区域土体网格划分较疏。

隧道与土体之间、船底与土体之间均分别建立接触关系，接触模型为硬接触。

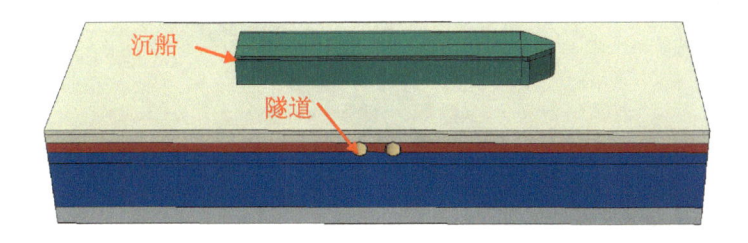

图 5.4-1　沉船计算模型

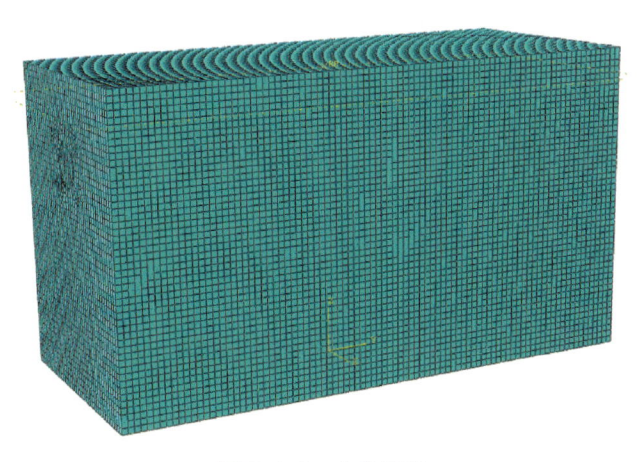

图 5.4-2　土体模型

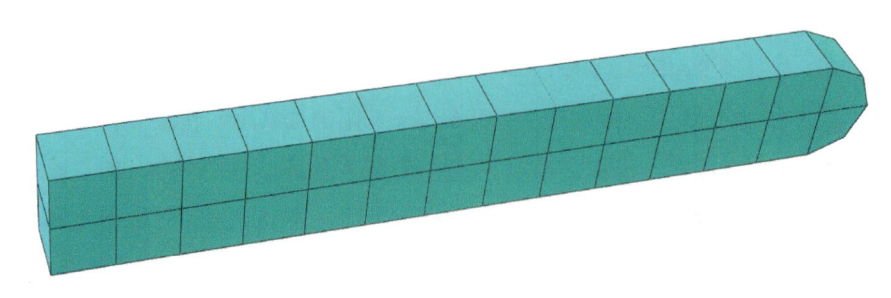

图 5.4-3　船体模型

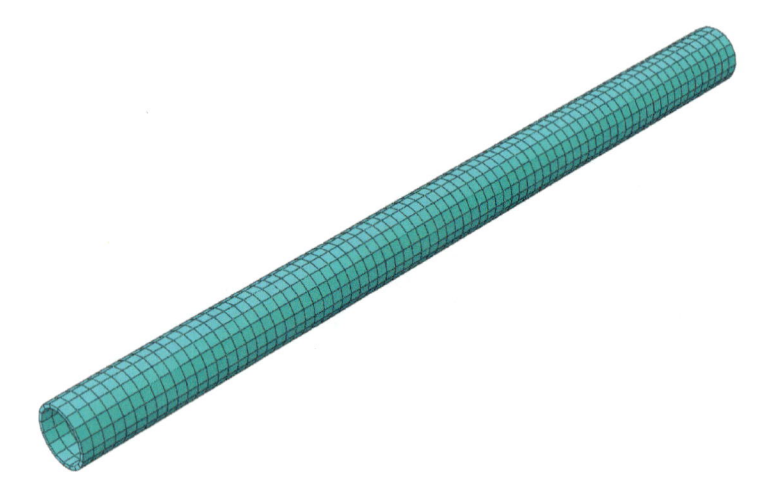

图 5.4-4　隧道模型

2）本构模型及计算参数的选取

（1）船体和隧道

船体采用刚体弹性本构模型，密度为 7 850 kg/m³，弹性模量为 207 GPa，泊松比为 0.15。

隧道采用弹性本构模型，密度为 2 450 kg/m³，弹性模量为 31.5 GPa，泊松比为 0.25。

（2）岩土体

砂性土：摩尔-库仑弹塑性本构模型。

黏性土：修正剑桥本构模型，模型参数包括泊松比 ν、初始孔隙比 e_0、压缩曲线斜率 λ、回弹曲线斜率 κ、临界状态线斜率 M、常数 β、K。其中 K

在[0.778,1]取值，$\beta<1$，ν、e_0 可采用常规方法确定。

$$M = \frac{6\sin\varphi'}{1-\sin\varphi'} \quad (5.4\text{-}1)$$

$$\lambda = \frac{C_c}{\ln 10} \approx \frac{C_c}{2.303} \quad (5.4\text{-}2)$$

$$\kappa = \frac{C_s}{\ln 10} \approx \frac{C_s}{2.303} \quad (5.4\text{-}3)$$

式中：C_s 为回弹指数；C_c 为压缩指数。

压缩曲线斜率 λ、回弹曲线斜率 κ、临界状态线斜率 M 分别和塑性指数 I_p 进行统计回归后得到如下线性关系：

$$M = -1.4022 \times I_p + 51.681 \quad (5.4\text{-}4)$$

$$\lambda = 0.0165 \times I_p - 0.1309 \quad (5.4\text{-}5)$$

$$\kappa = 0.0036 \times I_p - 0.0336 \quad (5.4\text{-}6)$$

黏性土弹性模量 E 按下式计算：

$$E = (2.5 \sim 3.5) \times E_s \quad (5.4\text{-}7)$$

式中：E ——弹性模量；

E_s ——压缩模量。

（4）接触模型

船体、隧道与土体，采用面-面滑动摩擦，摩擦角 δ 按下式计算：

$$\delta = \tan^{-1}\frac{\sin\varphi \times \cos\varphi}{1+\sin^2\varphi} \quad (5.4\text{-}8)$$

式中：φ 土体内摩擦角。

3) 有限元计算过程

（1）建立船体、隧道实体模型和土体欧拉模型；

（2）输入船体、隧道和土体材料参数；

（3）进行初始地应力平衡；

（4）输入边界控制条件；

(5) 施加初始速度；

(6) 开始并行计算。

5.5 本章小结

（1）水上服务区停靠作业船舶装卸作业及回旋作业靠离作业时，受到恶劣天气或人员操作不当因素，可能发生船舶在港池水域意外沉没事故。船舶沉没产生一定的贯入深度和冲击力，可能对下穿水上服务区的隧道产生影响。因此，应开展水上服务区沉船对隧道工程影响研究。

（2）考虑沉船不同姿态，选取坐底且满载货物作为最不利工况进行分析。在确定水上服务区沉船代表船型基础上，利用 ABAQUS 有限元数值模拟手段，建立沉船模型，通过沉船贯入深度和冲击力影响深度两个参数，分别研究现状和极限冲刷不同条件下的沉船影响。

（3）船舶沉没时会有大量的船舱没法进水或者进水缓慢，所以船舶依然具有较大的浮力，但是由于无法定量的考虑船舱进水的比例和速率，模拟计算沉船荷载时按照船舶完全丧失浮力来处理，是偏于安全的处理方法。

第6章

工程应用实际案例

6.1 工程概况

1) 武汉市轨道交通 11♯线四期工程

拟建武汉市轨道交通 11♯线四期工程穿越长江中游白沙洲水道,位于杨泗港大桥上游约 500 m 处。拟采用盾构隧道方案,隧道线位下穿武汉港杨泗港区中石化长江燃料公司(以下简称中长燃)绿色航运综合服务区。

隧道长约 4.7 km,江堤之间宽度约 2 363 m,平面最小曲线半径 500 m。在河床发生最不利冲刷后,隧道不会露出河床,且满足运营期抗浮要求,隧道工程对河势无影响,对行洪无影响。过江段拟采用大盾构(单洞双线)结构型式,结构型式为管片衬砌+局部内衬的双层衬砌结构方案,管片采用通用衬砌环错缝拼装。管片外径 12.1 m,内径 11.1 m,管片厚度 500 mm。

2) 杨泗港区中长燃绿色航运综合服务区

(1) 概况

杨泗港区中长燃绿色航运综合服务区位于武汉市汉阳区新五里一路江边,杨泗港大桥上游北岸约 276.5 m,长江中游里程 8 km 处。杨泗港区中长燃绿色航运综合服务区共包含 1 个船舶污染物回收泊位,1 个 3 000 吨级及 1 个 1 000 吨级水上综合服务泊位,从上游至下游依次为 1♯~3♯泊位。

船舶污染物类别主要有船舶生活污水、船舶固体垃圾及船舶含油污水,

图 6.1-1　杨泗港区中长燃绿色航运综合服务区现场踏勘图

预测年处理量分别为 5 300 t、170 t 和 1 000 t。工程加油种类为 0#柴油(闪点为 55℃),火灾危险性为乙 B,2#、3#号泊位趸船储油,油舱个数分别为 8 个和 6 个,年加油总量约 3 万吨,防火等级为二级。

(2) 平面布置

水上服务区自上游至下游依次为 1#泊位(船舶污染物回收泊位)、2#泊位(已有泊位改建为水上综合服务泊位)、3#泊位(已有泊位改建为水上综合服务泊位)。

1#泊位前方布置 1 艘 55 m 趸船(长轮 25 001,趸船尺度:55 m×13 m×2.6 m),2#泊位前方布置 1 艘 90 m 趸船(长轮 39005,趸船尺度:90 m×15 m×3.5 m),3#泊位前方布置 1 艘 65 m 趸船(长轮 26035,趸船尺度:65 m×13 m×2.6 m)。

泊位长度为 280 m,停泊水域宽度为 32.4 m,回旋水域设置在 1#泊位前方,沿水流方向直径为 120 m,垂直水流方向直径为 72 m。根据泊位功能定位,2♯、3♯泊位只允许船舶上行进出港,船舶不在泊位前沿回旋掉头作业。

船舶靠离泊位时采取直靠或掉头靠泊的作业方式,不得采用抛锚的方式靠离泊泊位。非必要,靠离泊船舶不得在水上服务区港池水域进行抛锚作业。

(3) 设计代表船型

1♯泊位停靠 300 吨级综合服务船;2♯泊位停靠 1 000 吨级货船和 3 000 吨级货船;3♯泊位停靠自航加油服务船和 1 000 吨级货船。

(4) 结构型式

采用斜坡结构型式,1♯、2♯泊位趸船后方无水工建筑物,3♯泊位趸船通过 21 m×3 m 钢引桥、15 m×9 m 跳趸、14 m×2 m 跳板和现有通道与陆域连接。现有通道由斜坡道、转运平台和架空栈桥组成。斜坡道水平投影总长 103 m,宽 6 m,坡度 1∶6,标准排架间距 7m,排架基础采用 2 根 φ1 000 mm 钻孔灌注桩,上部结构从下至上依次为横梁、现浇 π 型梁和现浇混凝土面层。

各趸船间均与长 14 m、宽 3 m 的钢联桥连接。其中,3♯泊位趸船后方通过跳趸、跳板和已建斜坡道连接,已建斜坡道长 103 m,宽 6 m。已建斜坡道后方为 22 m×21 m 架空转运平台。架空转运平台通过长 49 m、宽 6 m 架空栈桥与陆域大堤相连。每个泊位后方坡顶处布设 2 个地牛。为便于污水转运,在已建架空栈桥顶部平台处设置两座 4 m×3 m×1 m 污水箱。

6.2 法律法规技术标准符合性研究

1) 法律法规符合性

(1) 相关法律符合性

《中华人民共和国航道法》要求隧道工程建设应符合航道通航条件,未禁止在航道保护范围建设隧道工程;《中华人民共和国港口法》要求在采取相应安全保障措施不危及港口安全前提下,未禁止在港口水域建设隧道工程。

(2) 相关法规条例符合性

《城市轨道交通运营管理规定》要求在城市轨道交通保护区内进行取土、采石、采砂、疏浚河道、挖掘、爆破、桩基础施工等限制性作业时，应采取制定安全防护方案、动态监测、经轨道交通运营单位同意等措施，该规定未对隧道保护区船舶抛锚、拖锚作业进行禁止或限制。

《武汉市轨道交通管理条例》规定水底隧道结构外边线外侧150 m内作为轨道交通安全保护区，明确要求在轨道交通水底隧道安全保护区内的水域进行抛锚、拖锚作业行为时，应制定安全防护方案、动态监测、经隧道运营单位同意，该条例的规定表明在采取保障措施后允许轨道交通保护区内船舶抛锚、拖锚。

因此，在采取相关可行、有效的保障措施前提下，武汉轨道交通11号线四期工程过江隧道建设符合法律法规要求。

2) 技术标准符合性

从拟建过江隧道与水上服务区关系情况来看，拟建隧道在水上服务区1#泊位下方穿越，该泊位为船舶污染物回收泊位，停靠300吨级综合服务船。同时，隧道边线水平方向距离2#泊位约16.7 m，隧道边线水平方向距离3#泊位约118.7 m；考虑隧道埋置于水下河床内，拟建隧道边线相距2#泊位绝对距离约39.4 m，相距3#泊位绝对距离约124 m。拟建轨道交通隧道工程下穿杨泗港区中长燃绿色航运综合服务区中的船舶污染物回收泊位（1#泊位）；水平方向，拟建隧道与水上服务区2#、3#泊位（柴油储存趸船泊位）保持一定距离。

(1) 按照《内河通航标准》《长江干线通航标准》和《海轮航道通航标准》中水下过河建筑物选址要求，从相邻涉水设施安全间距要求方面，对拟选线位的选址与水上服务区符合性分析：《内河通航标准》规定：第5.3.1条 穿越航道的水下电缆、管道、涵管和隧道等水下过河建筑物必须布设在远离滩险、港口和锚地的稳定河段。《海轮航道通航标准》规定：第7.1.3条 穿越航道建筑物、构筑物应避开港口作业区和锚地。《长江干线通航标准》规定：第5.3.2条 水下过河建筑物宜避开码头、船台滑道和锚地、停泊区、水上综

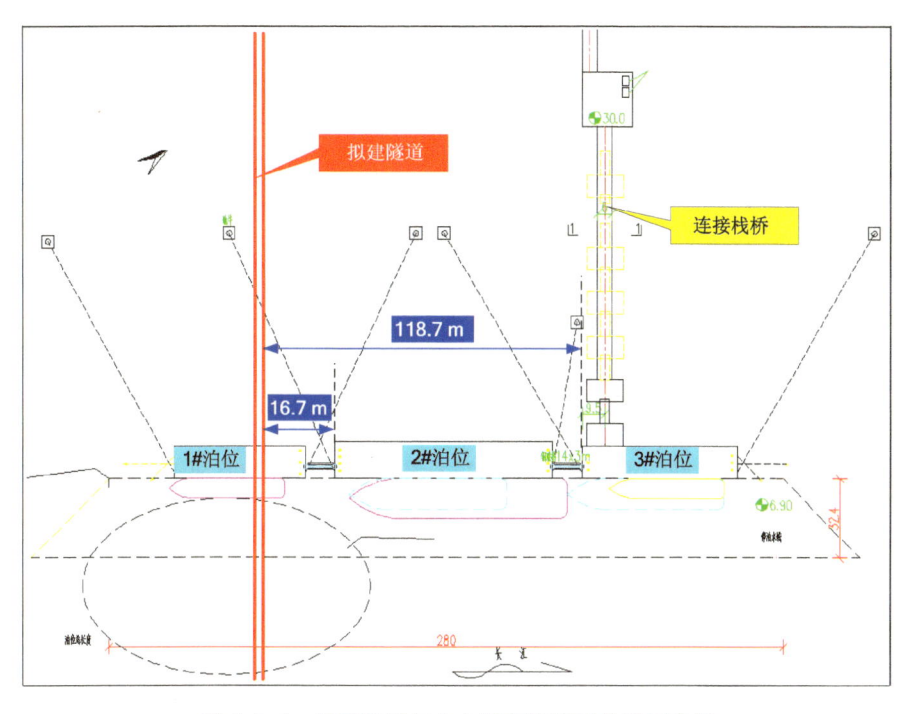

图 6.2-1　拟建隧道与水上服务区平面关系示意图

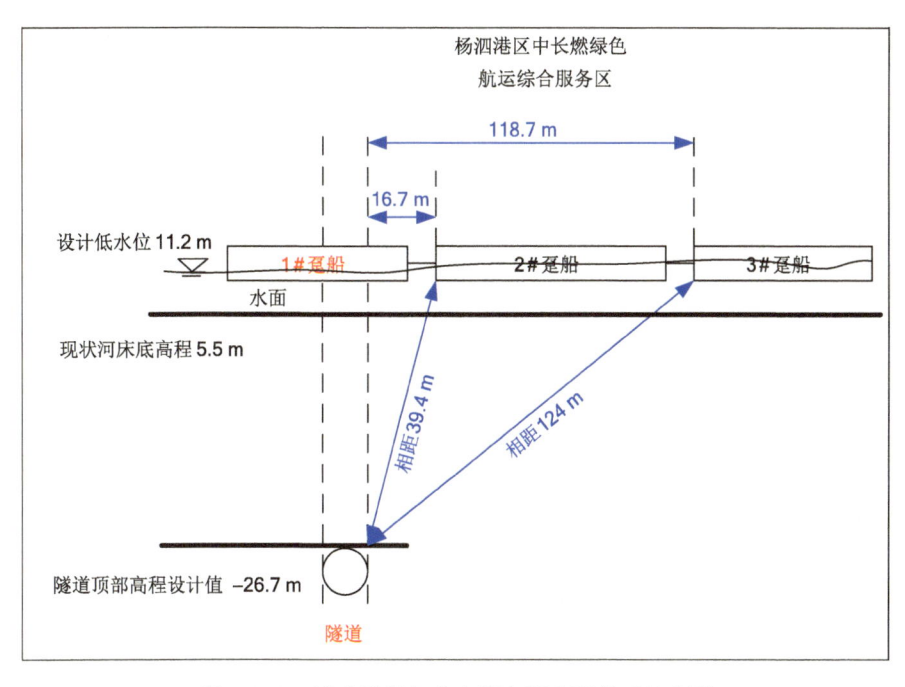

图 6.2-2　拟建隧道与水上服务区立面关系示意图

107

合服务区等,满足相关设施正常作业和水下过河建筑物安全保护的要求;第5.3.4条 当水下过河建筑物不能避开码头、船台滑道和锚地、停泊区、水上综合服务区时,应考虑河床极限冲刷、船舶抛锚贯入和冲击力影响深度、码头建设和改造工程需要等因素,开展专题论证,增加合理的竖向埋置深度,必要时还应采取相应的安全保障措施。

拟建武汉轨道交通11♯线过江隧道边线水平方向距离水上服务区2♯泊位约16.7 m,隧道边线水平方向距离3♯泊位约118.7 m,符合《内河通航标准》《海轮航道通航标准》和《长江干线通航标准》避开港口作业区和锚地要求;拟建武汉轨道交通11♯线过江隧道下穿水上服务区1♯泊位,不完全符合《内河通航标准》和《海轮航道通航标准》应避开港口作业区和锚地的要求。因此,需按照《长江干线通航标准》要求,开展相关专题研究。

(2) 1♯泊位为污水回收趸船,不具备储油加油功能;加油趸船2♯、3♯泊位距离拟建隧道工程边线分别约39.4 m、124 m,大于陆地加油站与地上城市轨道(铁路)的安全间距15 m,符合《汽车加油加气加氢站技术标准》《汽车加油加气站设计与施工规范》《建筑设计防火规范》《石油库设计规范》等规范要求。

(3) 法律法规技术标准均要求水下过河建筑物的建设和运营不得影响水上综合服务区等港区涉航设施安全。因此,当拟建武汉轨道交通11号线过江隧道在水平方向不得不穿越既有水上服务时,应开展极限冲刷、船舶应急抛锚、沉船影响、船舶爆炸、盾构隧道对水上服务区(码头)结构影响等专题研究,在通过加大隧道竖向埋深、落实通航安全保障方案、安全管理等措施,保障隧道和水上服务区的建设与营运安全后,可以在技术上支持隧道选址可行。

因此,在采取相关可行、有效的保障措施前提下,武汉轨道交通11♯线四期工程过江隧道建设符合相关法律法规和技术标准要求。

6.3 隧道工程对水上服务区影响研究

首先,开展土工离心机模型试验,分析盾构施工引起码头栈桥桩基受力和变形情况;其次,开展土工离心机模型试验的数值模拟,标定数值模拟参数;最后,采用验证后的数值模拟方法,研究原型隧道盾构施工引起的码头栈桥桩基的受力和变形规律。

6.3.1 离心机试验

1) 结构参数

中长燃新五里码头为桩基栈桥结构形式。桥面宽 6.0 m,桥面高程 30.0 m,现状河底高程为 5.5 m,桩基直径 1 m、间距 7 m。

2) 土体参数

根据拟建隧道现场钻孔资料,获得研究场地的土体物理力学参数如表 6.3-1 所示。

表 6.3-1 土体参数

编号	名称	重度 $\gamma(kN/m^3)$	压缩模量 $Es_{0.1-0.2}(MPa)$	摩擦角 (°)	黏聚力 (kPa)
2-1	粉细砂	19.5	7	27	0
2-5	中粗砂	19.7	8	28	0
2-6	砾砂	20.0	9	30	0
4-1	粉细砂	20.4	10	33	0
4-1a	粉质黏土	20.5	8	15	35
4-1c	中粗砂	20.8	12	35	0
4-21	粉细砂	20.6	14	36	0
5-1	角砾土	21.0	26	42	0
5-1b	粉质黏土	20.5	12	15	40
5-1c	中粗砂	20.8	18	36	0
10-1	粉质黏土	20.9	12	15	60

(续表)

编号	名称	重度 $\gamma(kN/m^3)$	压缩模量 $Es_{0.1-0.2}(MPa)$	摩擦角 (°)	黏聚力 (kPa)
10-1a	黏土	20.9	12.5	10	65
10-3	粉质黏土	21.5	13.5	10	70
10-3a	黏土	21.1	10	8	75
12-1	角砾土	21.3	28	42	0
12-1b	粉质黏土	21.7	9.5	6	85
12-1d	含砾粉质黏土	21.5	13	15	42
12-1e	粉质黏土夹碎石	21.7	14	10	45
12-3	砾砂	21.3	25	40	0

3) 码头栈桥基桩弯矩试验结果

在试验过程中分别对水平栈桥桩基弯矩(1#、2#桩)和栈桥面沉降及侧向水平位移进行监测,对斜栈桥桩基弯矩(3#、4#桩)和栈桥面沉降及侧向水平位移进行监测。离心机试验过程中,码头栈桥弯矩如图6.3-1所示。

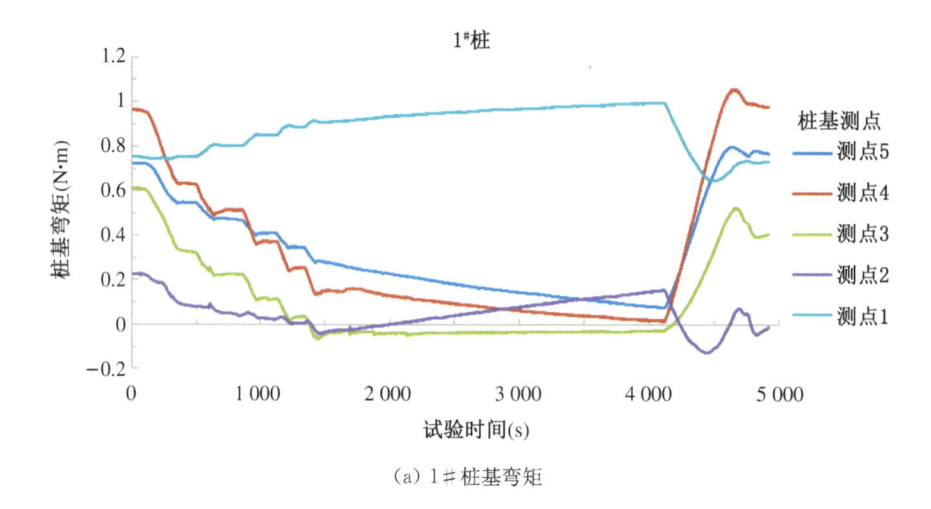

(a) 1#桩基弯矩

(b) 2#桩基弯矩

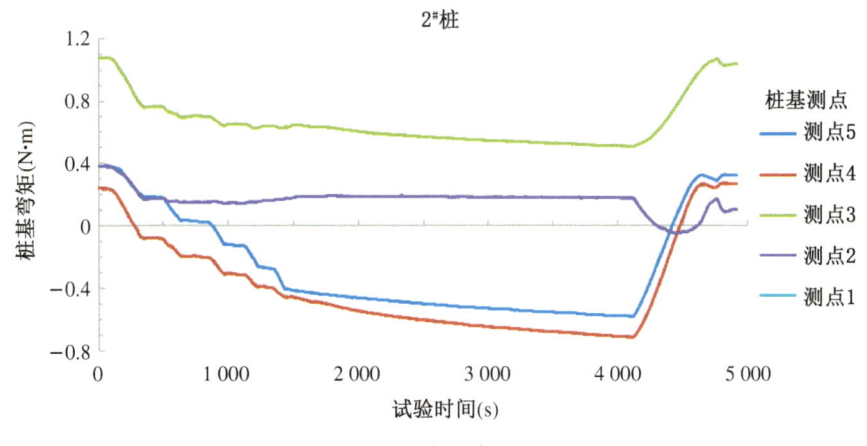

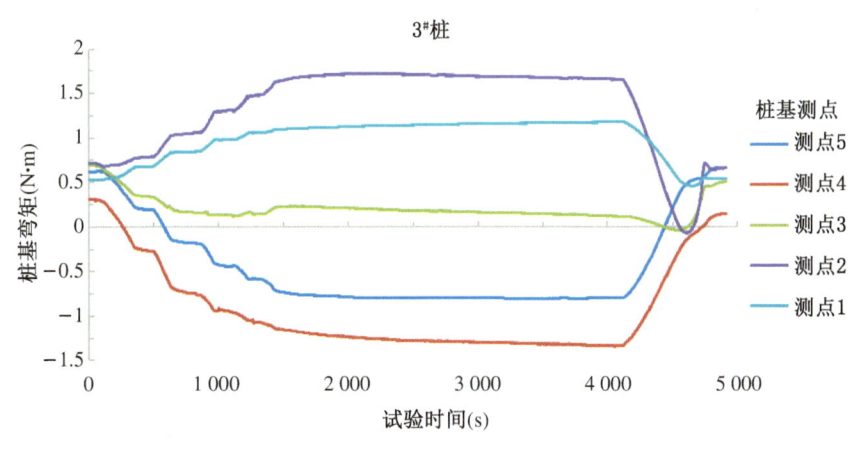

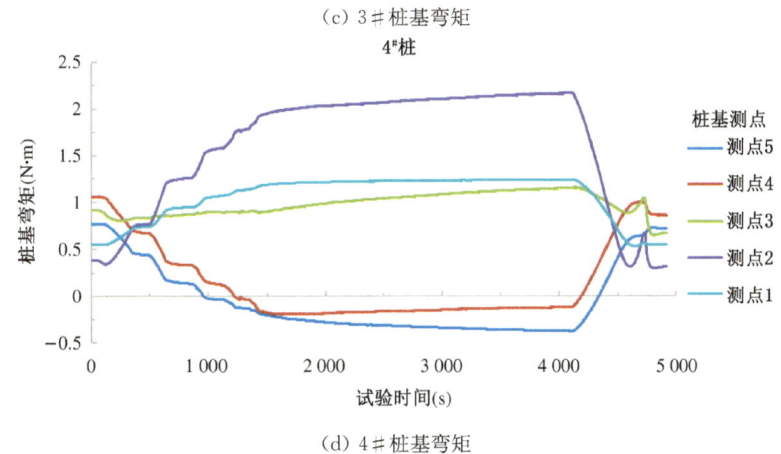

(c) 3#桩基弯矩

(d) 4#桩基弯矩

图 6.3-1 栈桥弯矩

4）栈桥整体位移试验结果

离心机试验过程中，码头栈桥面竖向沉降及水平位移如图6.3-2所示。

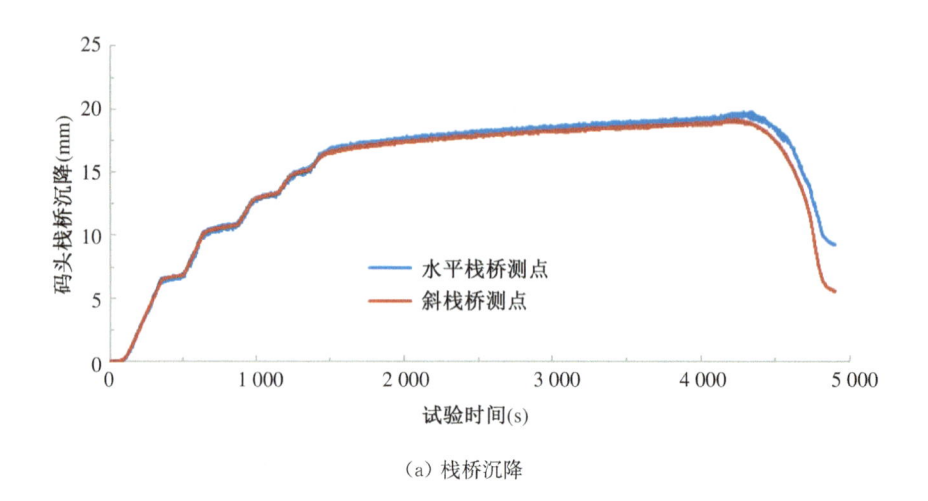

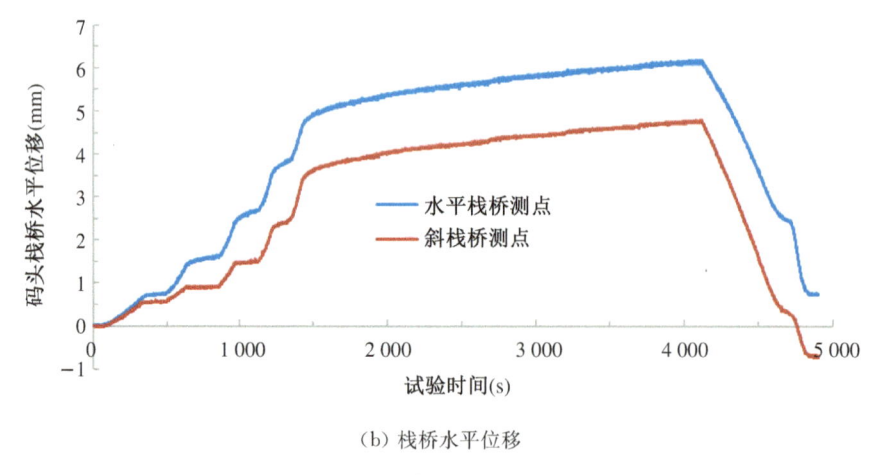

(a) 栈桥沉降

(b) 栈桥水平位移

图6.3-2 栈桥位移试验结果

5）试验结果分析

随着地层损失量的增加，码头桩基弯矩、码头栈桥沉降及水平位移随之增长，当地层损失达到2.0%，桩基弯矩及码头位移增幅尤为显著。当仅发生0.5%的地层损失时，最大桩基弯矩出现在水平栈桥2#桩，增量为11.7 kN·m，斜栈桥4#桩部分测点弯矩也相对较大。水平栈桥沉降较大，约为4.4 mm,其侧向位移为2.2 mm。当地层损失增大至1.0%时,最大桩基弯矩增量为20.1 kN·m,水平栈桥沉降增大至6.9 mm,其水平位移增大至3.2 mm。当地层损失增大至最大值2.0%,桩基弯矩及栈桥位移均达到最大值,2#桩最大桩基弯矩增量为36.4 kN·m,水平栈桥竖向沉降增大至13.1 mm,其水平位移增大至7.1 mm。

由于试验中隧道距离码头结构水平距离较近,码头结构变形受到隧道开挖地层损失的显著影响,由试验数据可知,码头变形近似是线性累计的,且变形的规律性有利于后续数值模型标定的开展,以提高数值模型的精度和可靠度。

6.3.2 离心机模型试验的数值模拟

离心机试验中模拟了盾构隧道掘进过程产生的地层损失,从而得到了栈桥变形及内力演化特征。本节主要对离心模型试验展开数值模拟分析,进而对数值模拟与离心模型试验结果进行对比,分析数值模拟的可靠性与准确性,并对数值模拟参数进行标定。

1) 栈桥沉降变形

当隧道产生0.5%地层损失时,土体变形向周边传递,隧道上方最大地表沉降为6.5 mm,由于试验中模拟栈桥与隧道间距为36.3 m,栈桥水平段地表沉降为2.8 mm。栈桥水平段桥面最大沉降为2.5 mm、最小沉降为2.3 mm,差异沉降为0.2 mm;栈桥斜桥段桥面最大沉降为2.5 mm,位于直-斜桥相接处,最小沉降为1.8 mm,位于斜桥末端,差异沉降为0.7 mm。

随着地层损失的增大,栈桥沉降变形不断增长,当地层损失为1.0%时,栈桥水平桥段最大沉降为5.2 mm,差异沉降为0.5 mm;栈桥斜桥段最大沉降为5.1 mm,差异沉降为1.5mm。当地层损失为1.5%时,栈桥水平桥段最大沉降增大至7.9 mm,差异沉降为0.9 mm;栈桥斜桥段最大沉降增大至7.8 mm,差异沉降为2.3 mm。当地层损失达到最大值2.0%时,栈桥水平段沉降同样达到最大值10.6 mm,差异沉降为1.3 mm;斜桥段最大沉降为10.3 mm,差异沉降达到3.0 mm。

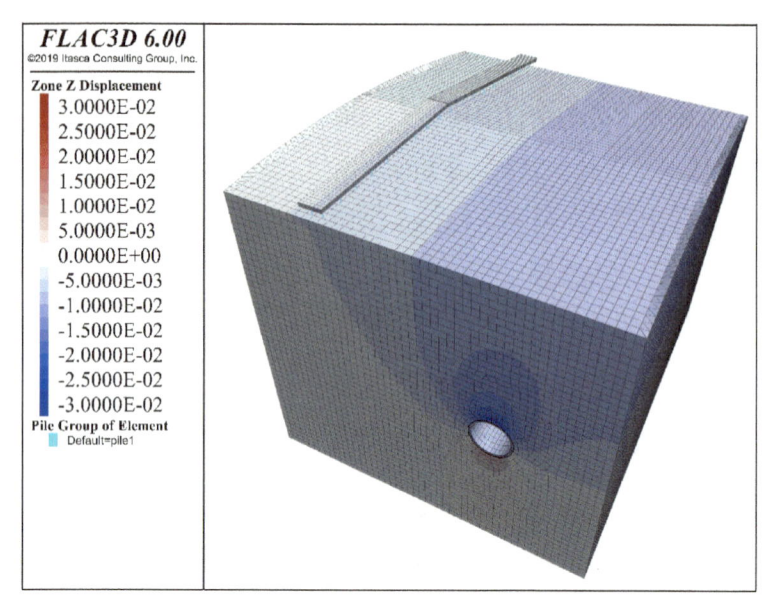

(a）地层损失为 0.5% 时模型整体竖向位移

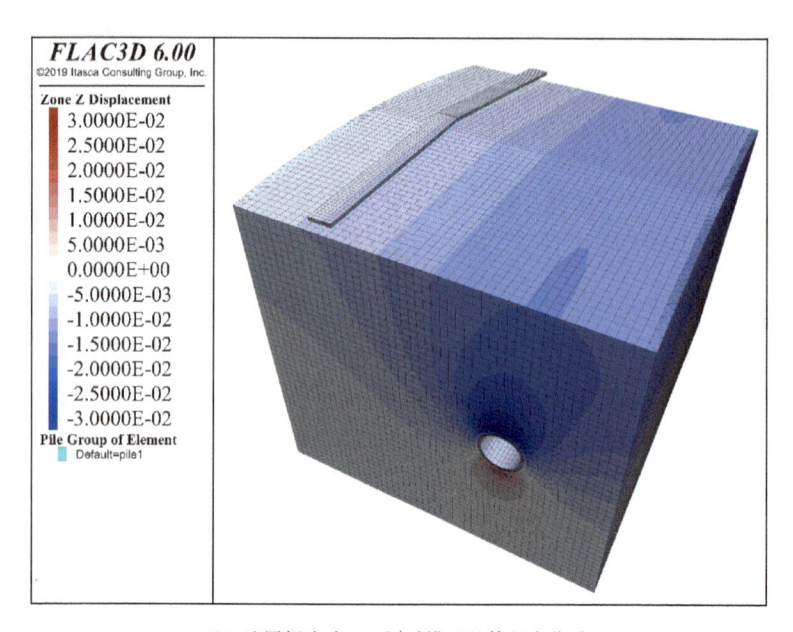

(b）地层损失为 1.0% 时模型整体竖向位移

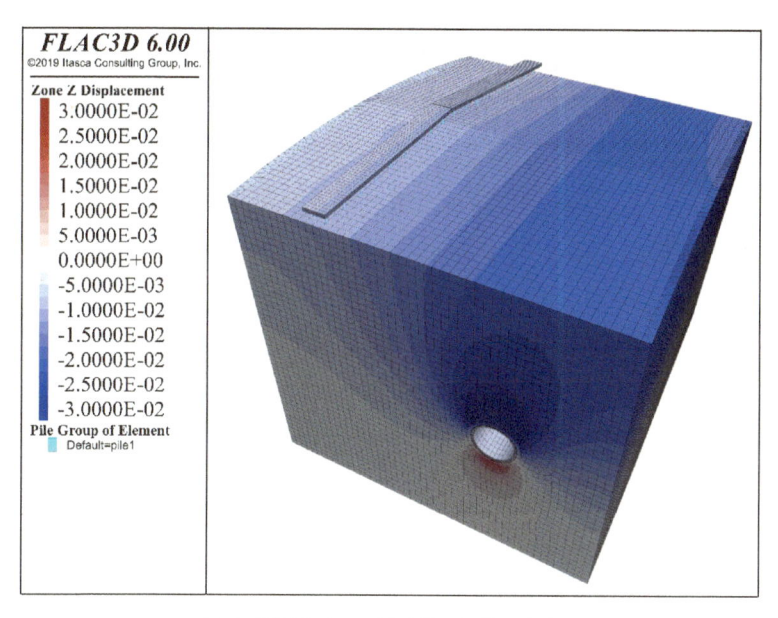

（c）地层损失为 1.5% 时模型整体竖向位移

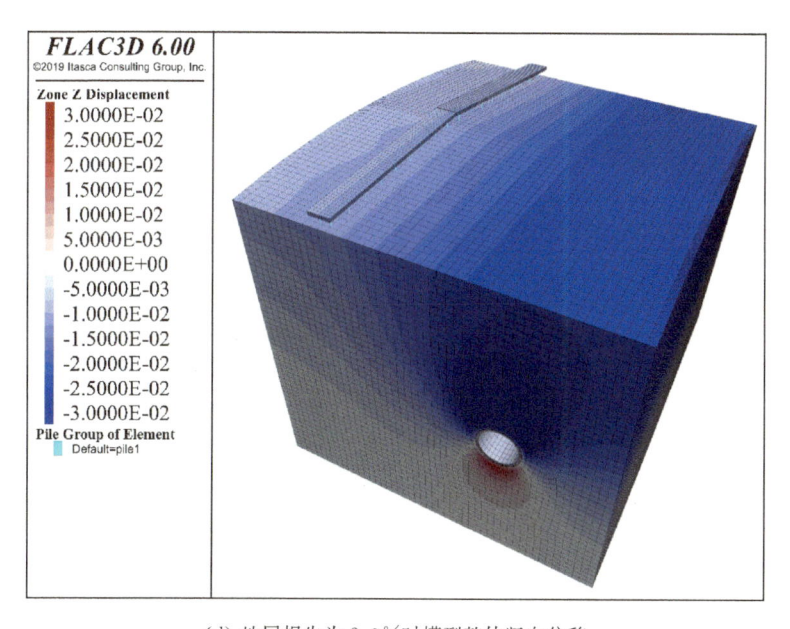

（d）地层损失为 2.0% 时模型整体竖向位移

图 6.3-3　模型及栈桥竖向位移云图

可以看出,栈桥水平桥段沉降量要比斜桥段大一些,但是水平桥段差异沉降要显著小于斜桥段。这是因为水平桥段桩基础位于强度较低且压缩性较大的地表表层黏土层中,栈桥各桩基位置与隧道距离相同。斜桥段首端桩基位于黏土层中,而末端桩基穿过黏土层进入强度较高、压缩性较低的砂土层。因此,栈桥水平桥段和斜桥段桩基与土体耦合作用存在一定差异,导致这一变形差异的产生。

2) 栈桥水平位移

当隧道产生 0.5% 地层损失时,地层变形传递使栈桥水平桥段产生 2.4~2.6 mm 的水平向位移;栈桥斜桥段产生 1.7~2.4 mm 的水平向位移,斜桥段水平位移差值相对较大。栈桥水平位移随着地层损失的增加近似线性增长,当隧道地层损失增大至 2.0% 时,栈桥水平桥段的水平向位移增大至 6.6~6.9 mm;栈桥斜桥段的水平向位移增大至 5.9~7.5 mm。栈桥两部分的水平向位移较为接近。

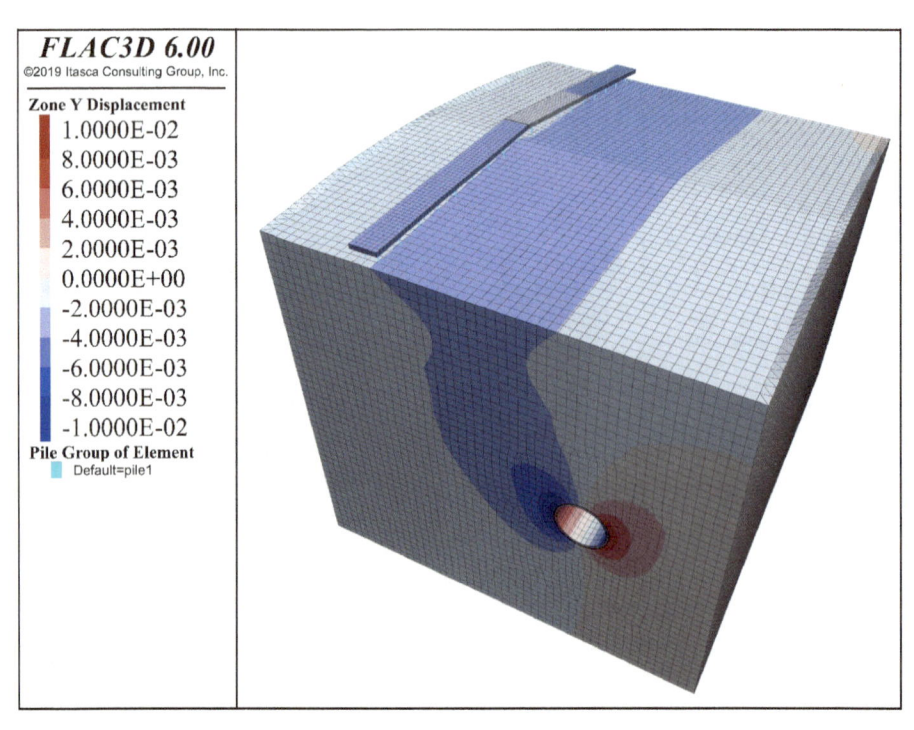

(a) 地层损失为 0.5% 时模型整体水平位移

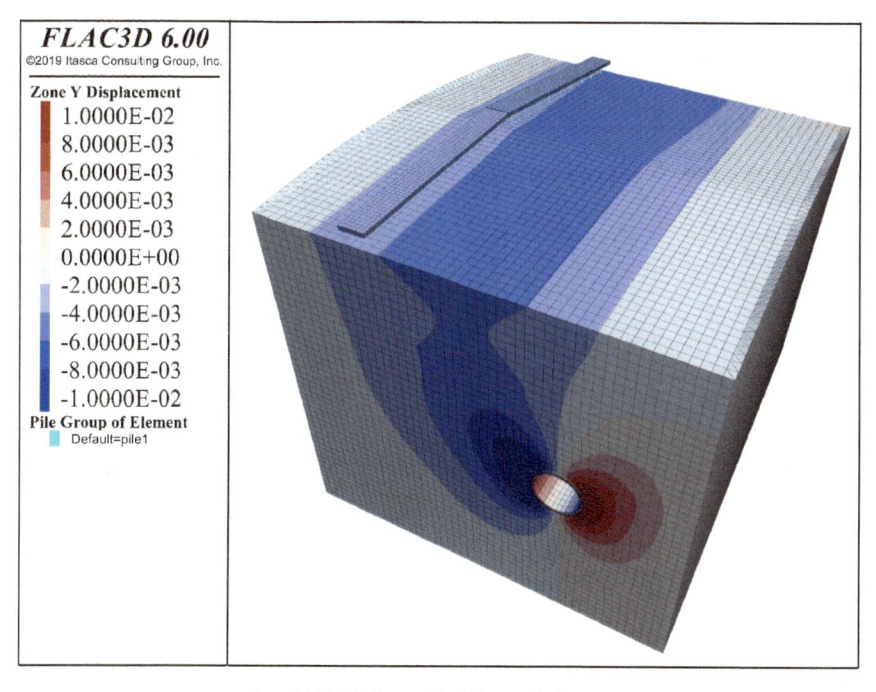

(b) 地层损失为 1.0% 时模型整体水平位移

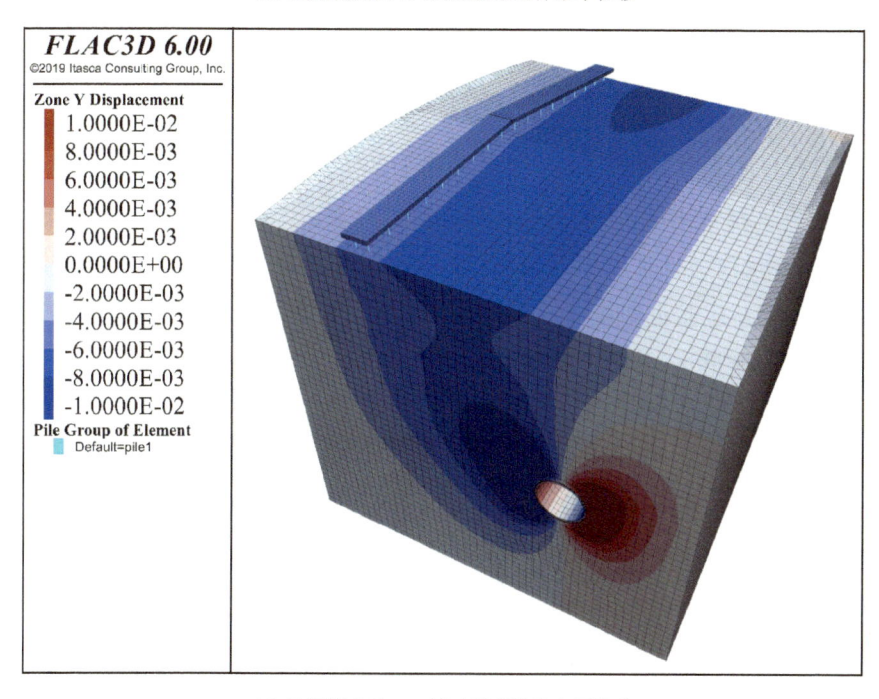

(c) 地层损失为 1.5% 时模型整体水平位移

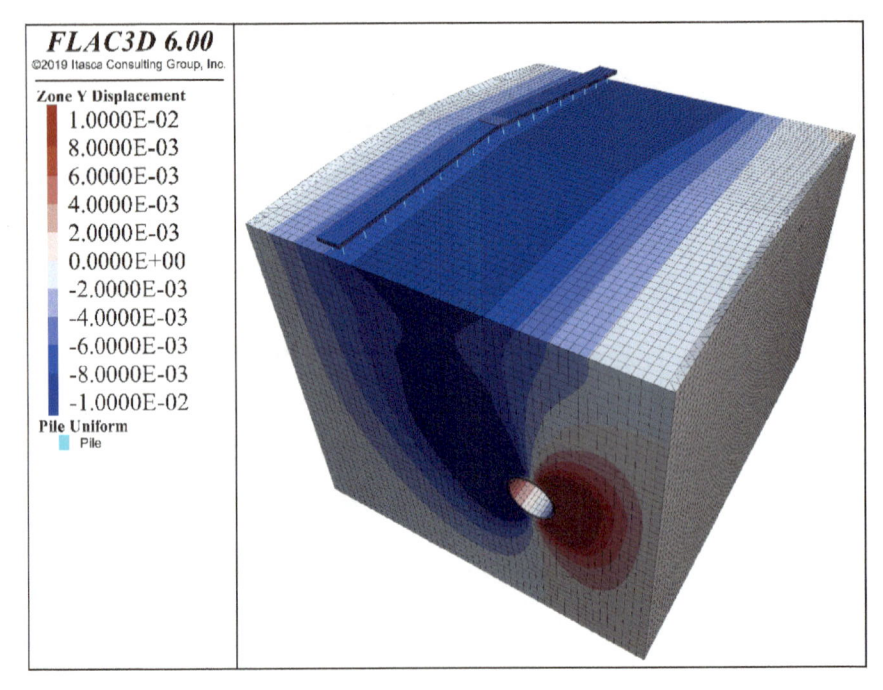

(d) 地层损失为 20%时模型整体水平位移

图 6.3-4　模型及栈桥水平位移云图

3) 栈桥桩基弯矩

斜桥段桩基弯矩增长较为显著。当隧道产生 0.5%地层损失时,地层变形使栈桥桩基弯矩增长,最大弯矩增量为 7.1 kN·m。随着地层损失的线性叠加,在地层与桩基础相互作用过程中,受地层变形线性叠加影响,栈桥桩基弯矩增长也是近似线性的。当隧道地层损失增大至 2.0%时,栈桥桩基础最大弯矩增量达到 31.3 kN·m。

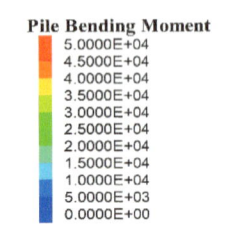

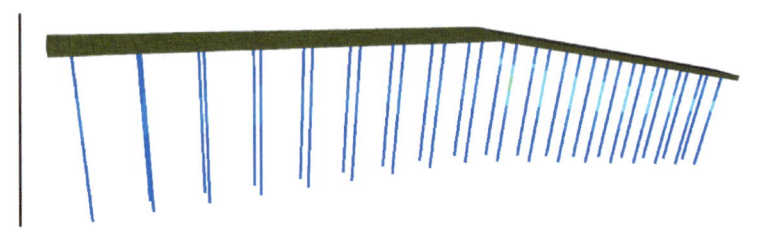

(a) 地层损失为 0.5%时栈桥桩基弯矩

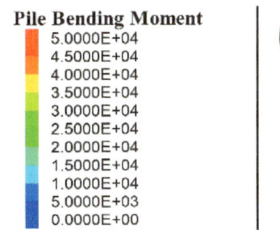

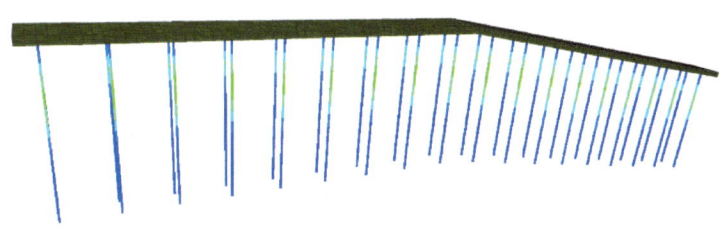

（b）地层损失为1.0%时栈桥桩基弯矩

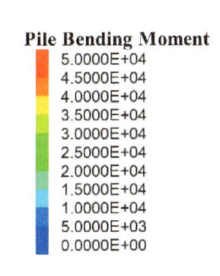

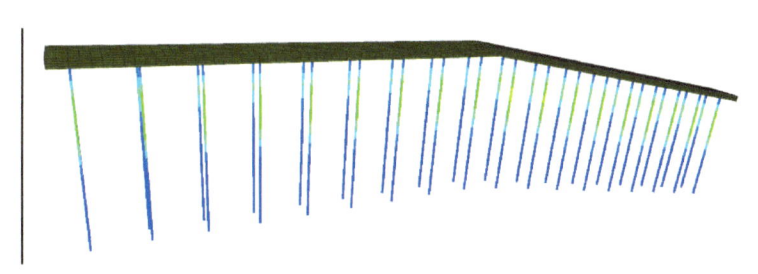

（c）地层损失为1.5%时栈桥桩基弯矩

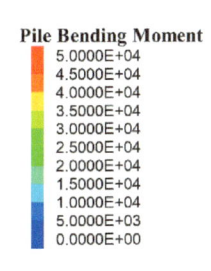

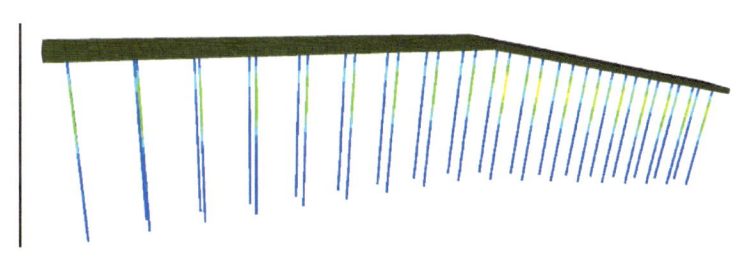

（d）地层损失为2.0%时栈桥桩基弯矩

图6.3-5 栈桥桩基弯矩分布图

4）与模型试验结果对比分析

选取数值模拟结果中与离心试验传感器监测位置及项目相匹配的数据进行对比分析，并计算离心试验数据和数值模拟数据的偏差值（取绝对值）。当地层损失较小时，两者结果偏差较大，例如地层损失为0.5%时，离心试验水平桥段沉降比起数值模拟值大69.2%。而随着地层损失的增加，离心试验结果与数值模拟结果偏差值趋于减小。总体来看，离心机试验中水平桥段沉降明显大于斜桥段沉降，而在数值模拟结果中，水平桥段和斜桥段沉降差异较小。这可能是因为试验中用的粉砂地层虽然是严格按照试验地层要求制作，但是模型尺寸较小，斜桥段桩基部分进入粉砂层，受模型和砂颗粒尺寸效应的影响，砂层给予斜桥段较大约束，从而使斜桥段位移较小。

水平桥段的数据偏差较小，最小水平位移偏差仅为2%。而在斜桥段，离心机试验得到的水平位移值要明显小于数值模拟结果，在地层损失增大过程中，这一偏差值由65%减小至41.5%。在离心机试验结果中，水平桥段的位移值仍然要比斜桥段大一些，两者最大差值达到3.3 mm；而在数值模拟计算结果中，水平桥段的水平位移仅略大于斜桥段，其差值在0.5 mm内。总体来看，离心试验和数值模拟中栈桥水平位移均随地层损失的增大而逐渐增加，且表现为近似线性增长趋势。

离心机试验和数值模拟中，桩基弯矩最大值均出现在桩体中上部。因此，选取离心机试验中1～4#桩基的传感器点位4和数值模拟对应位置的数据进行对比分析。离心试验与数值模拟的栈桥桩基弯矩增量结果对比表明，在地层损失为0.5%，受测量精度和地层扰动产生的变形传递不均匀影响，桩基弯矩偏差率较大，特别是在2#桩处，但是弯矩增量值相差不大，为10 kN·m。随着地层损失的增大，离心机试验和数值模拟结果中桩基弯矩增量均随之增长。对比离心机试验数据和数值模拟结果的偏差值可知，1、2#桩的偏差相对较大，3、4#桩偏差较小。

离心机试验中最大桩基弯矩增量出现在2#桩处，而数值模拟的最大桩基弯矩增量出现在3#桩处。在栈桥桩基中，2#、3#桩位于靠近隧道一侧，受到地层损失影响较大，因此，其桩基弯矩增量均大于1#和4#桩，离心试验和数值模拟结果均与之相符。

6.3.3　原型隧道对栈桥影响数值模拟试验

1) 栈桥整体沉降

图6.3-6为不同地层损失率和泥水压力与水平地应力比值栈桥整体沉降趋势图。从图中可以看出，栈桥沉降为0.5～3.0 mm，纵向最大不均匀沉降小于1.5 mm，栈桥沉降量随地层损失增大和盾构开挖面压力减小而增长，隧道开挖对栈桥沉降影响较小。

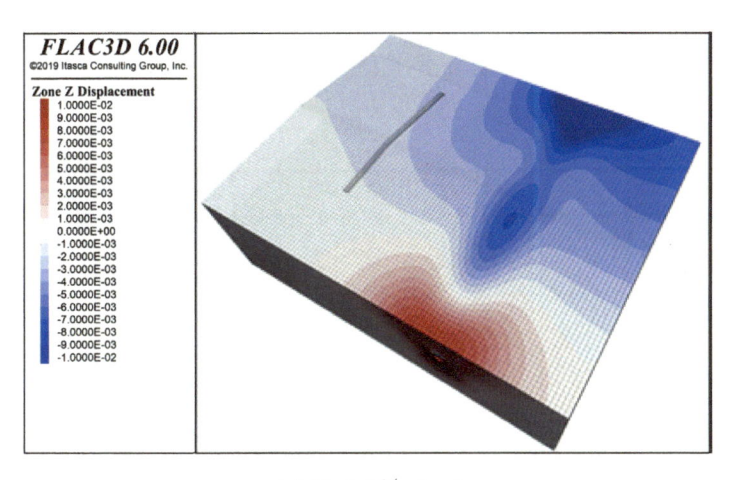

(a) $V=0.5\%$ $\lambda=0$

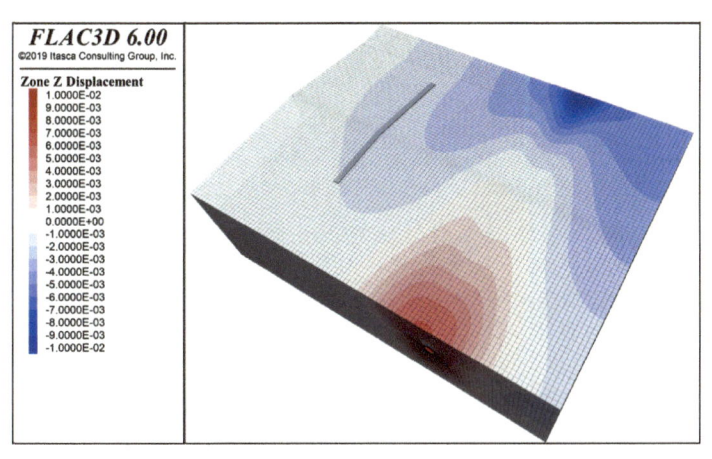

(b) $V=0.5\%$ $\lambda=0.5$

(c) $V=0.5\%$ $\lambda=1.0$

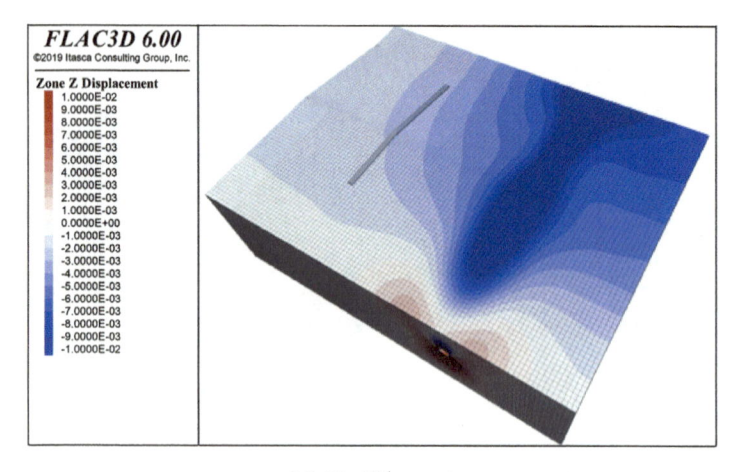

(d) $V=1\%$ $\lambda=0$

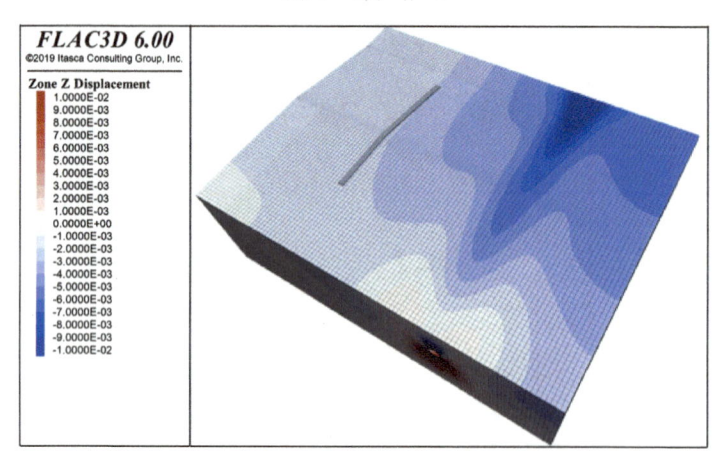

(e) $V=1\%$ $\lambda=0.5$

(f) $V=1\%$ $\lambda=1.0$

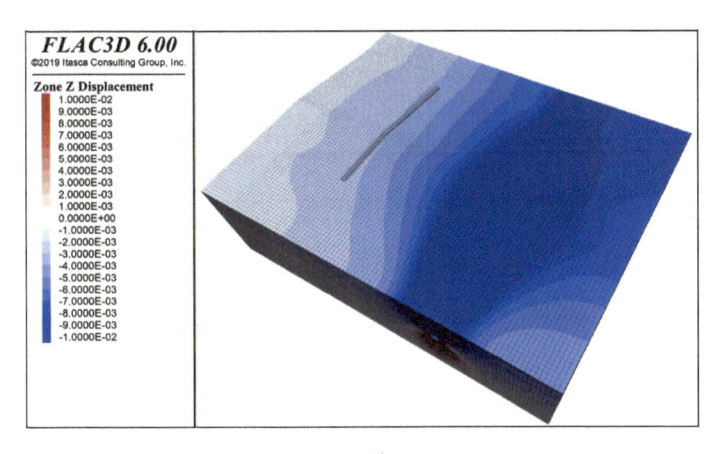

(g) $V=2\%$ $\lambda=0$

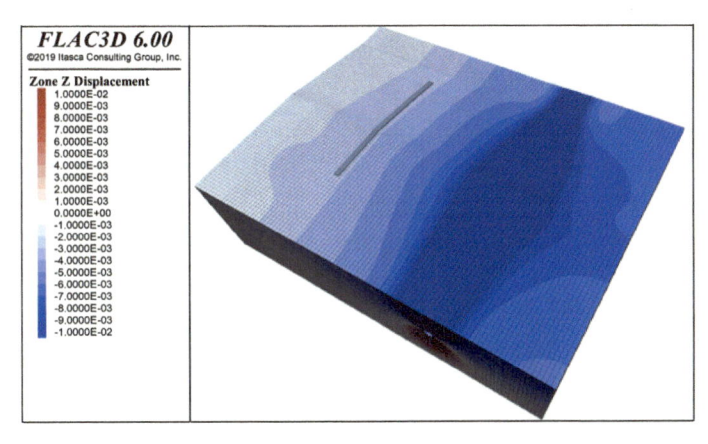

(h) $V=2\%$ $\lambda=0.5$

(i) $V=2\%$ $\lambda=1.0$

图 6.3-6 盾构施工不同地层损伤率和泥水面压力下栈桥整体沉降

2）栈桥整体水平位移

图 6.3.-7 为不同地层损失率和泥水压力与水平地应力比值栈桥整体水平位移分布图。从图中可以看出，隧道开挖对栈桥结构及地层水平位移影响较为明显，随着地层损失的增加和开挖面压力的减小，栈桥结构水平位移逐渐增长。栈桥水平位移受隧道沉降影响大于沉降位移，水平位移值为 0.9~7.1 mm，栈桥纵向最大水平位移差为 4.2 mm。当盾构隧道地层损失控制在 2% 以内，栈桥空间位移最大值小于 8.0 mm，盾构隧道开挖对栈桥变形影响可控。

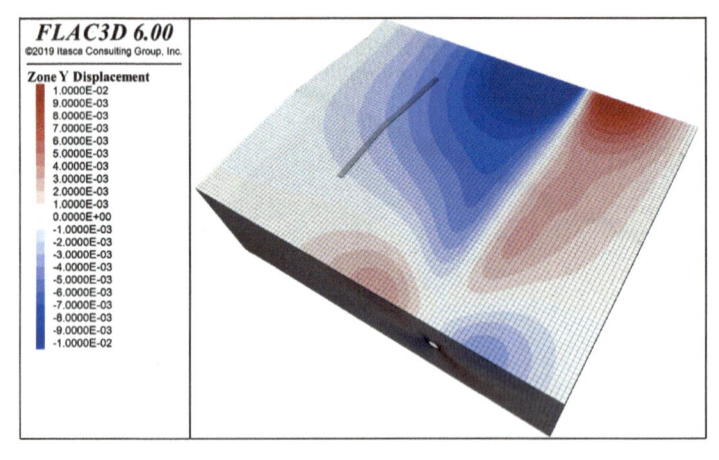

(a) $V=0.5\%$ $\lambda=0$

(b) $V=0.5\%$ $\lambda=0.5$

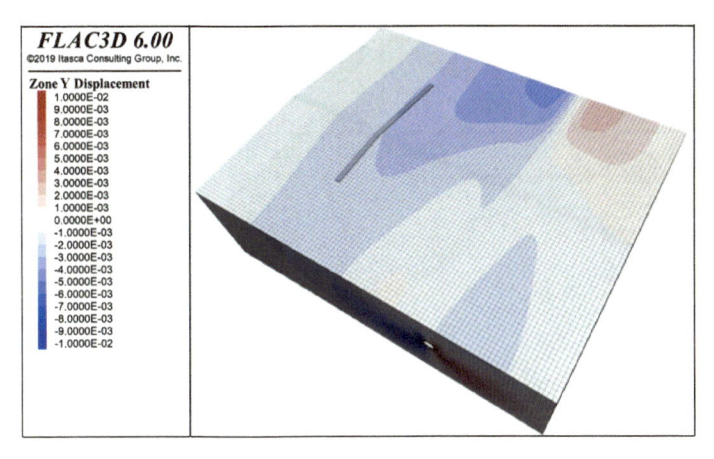

(c) $V=0.5\%$ $\lambda=1$

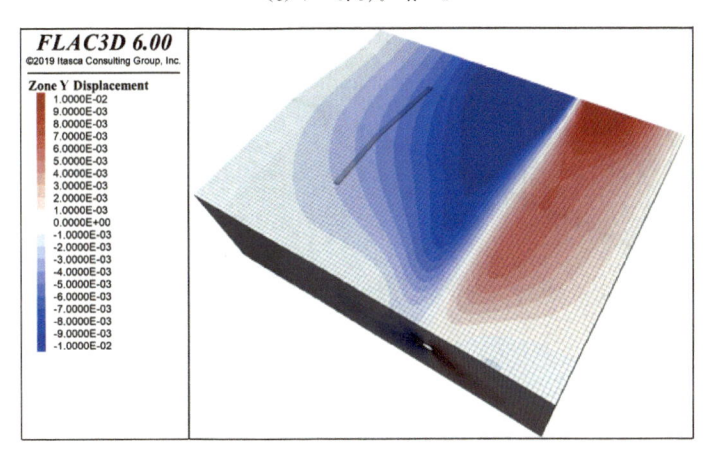

(d) $V=1\%$ $\lambda=0$

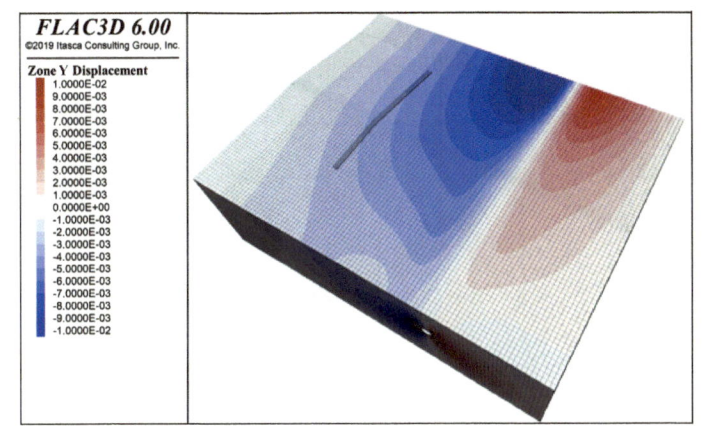

(e) $V=1\%$ $\lambda=0.5$

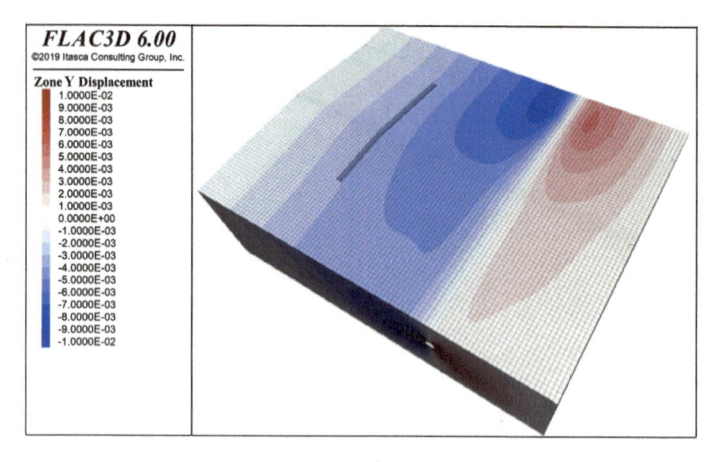

(f) $V=1\%$　$\lambda=1$

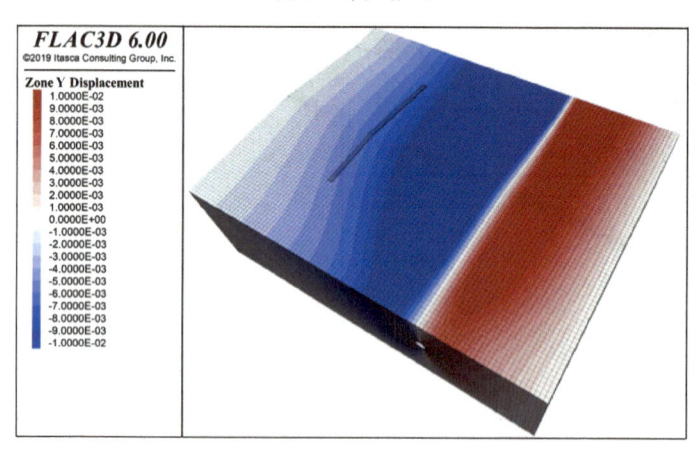

(g) $V=2\%$　$\lambda=0$

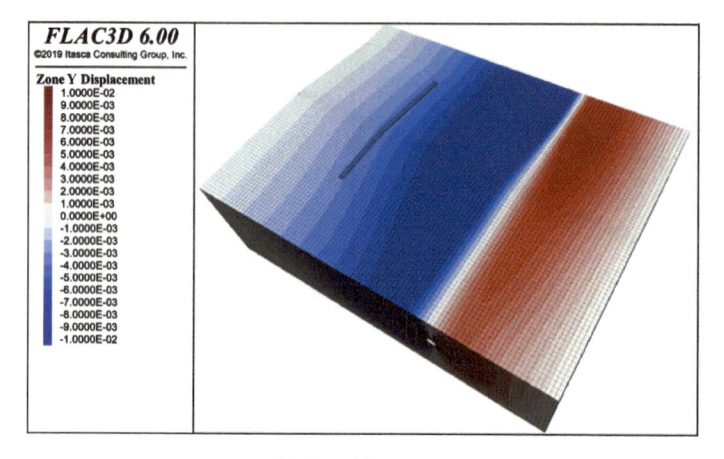

(h) $V=2\%$　$\lambda=0.5$

(i) $V=2\%$ $\lambda=1.0$

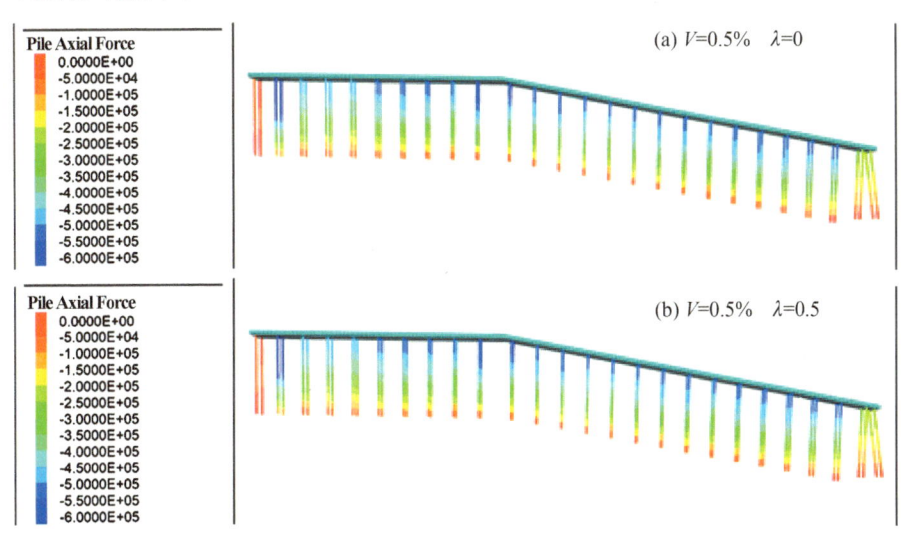

图 6.3-7　盾构施工不同地层损伤率和泥水面压力下栈桥整体水平位移

3) 栈桥桩基轴力分布

图 6.3-8 为不同地层损失率和泥水压力与水平地应力比值栈桥桩基轴力分布图。从图中可以看出，桩基轴力变化幅度小，轴力变化值为 0～5 kN。栈桥相邻桩基沉降差值在 0.3 mm 以内，未出现偏压等不利状态。基于当前计算结果，当地层损失和开挖面压力得到有效控制时，隧道开挖对栈桥桩基内力影响极小。

(a) $V=0.5\%$ $\lambda=0$

(b) $V=0.5\%$ $\lambda=0.5$

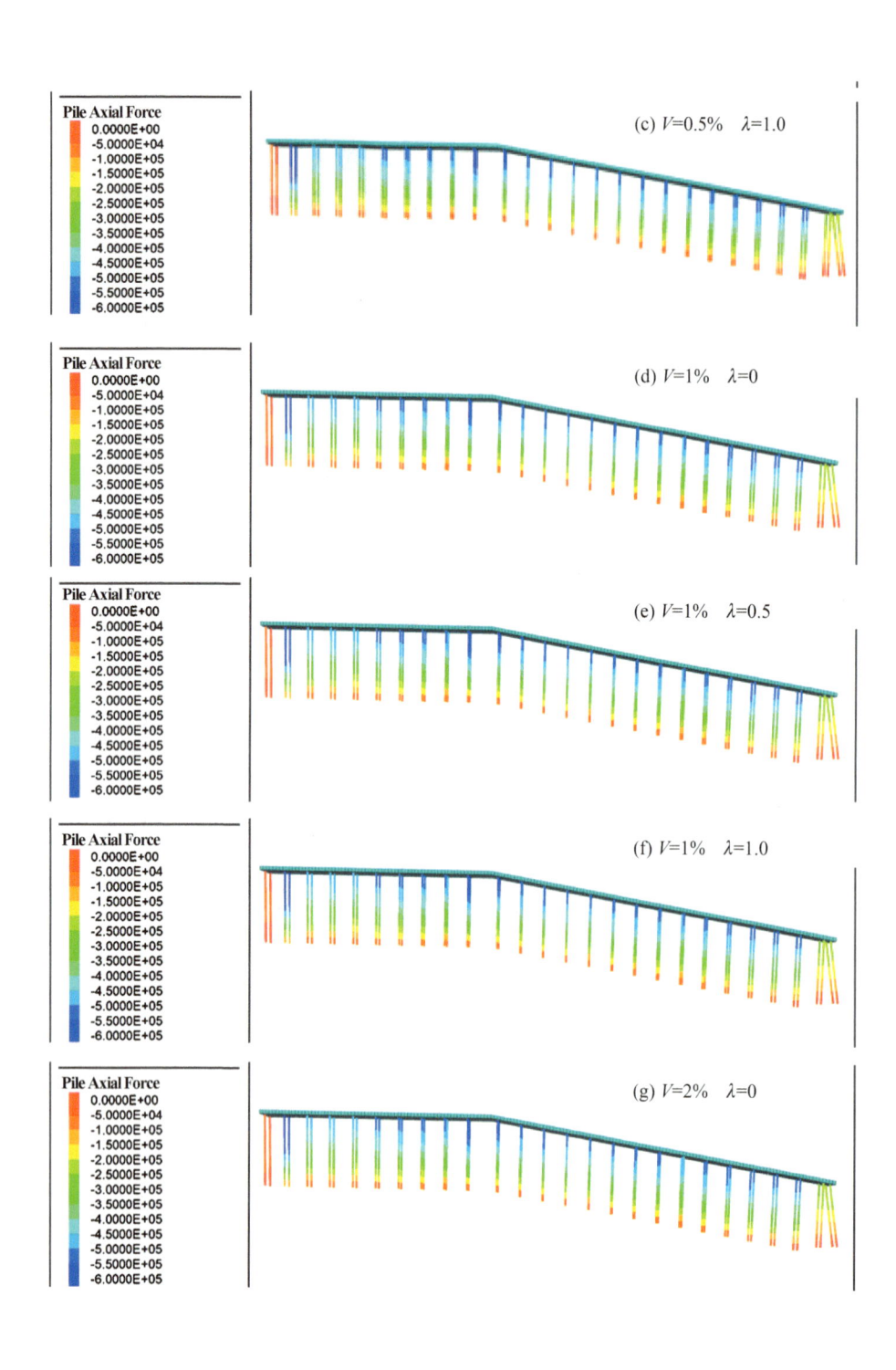

(c) $V=0.5\%$ $\lambda=1.0$

(d) $V=1\%$ $\lambda=0$

(e) $V=1\%$ $\lambda=0.5$

(f) $V=1\%$ $\lambda=1.0$

(g) $V=2\%$ $\lambda=0$

(h) $V=2\%$ $\lambda=0.5$

(i) $V=2\%$ $\lambda=1.0$

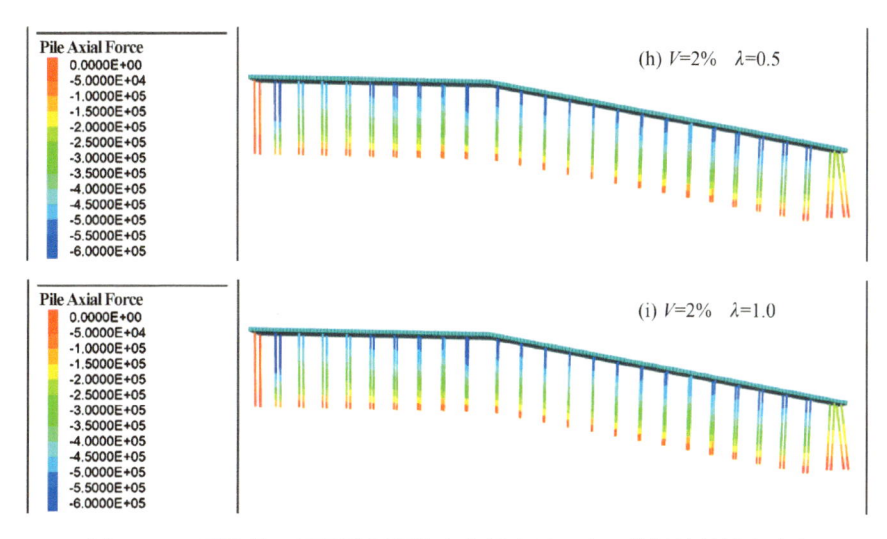

图 6.3-8 盾构施工不同地层损伤率和泥水面压力下栈桥桩基轴力分布

4）栈桥桩基弯矩分布

图 6.3-9 为不同地层损失率和泥水压力与水平地应力比值栈桥桩基弯矩分布图。从图中可以看出，随着地层损失的增加和开挖面泥水压力的减小，栈桥桩基弯矩变化幅度随之增长，最大幅度约为 ± 10 kN·m，桩基弯矩变化是由地层变形传导引起的栈桥桩基周边土体产生的水平向差异位移导致的。基于当前计算结果，当地层损失和开挖面压力得到有效控制时，隧道开挖对栈桥桩基内力影响较小。

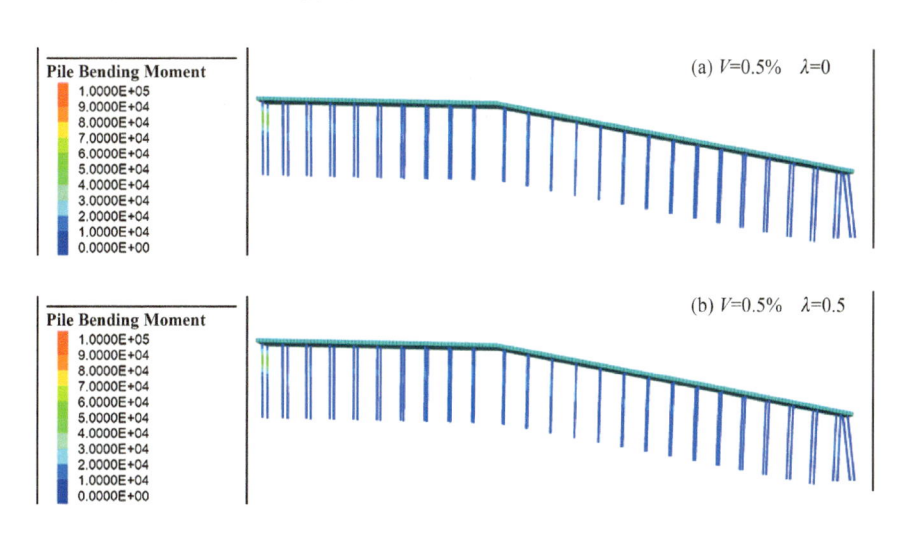

(a) $V=0.5\%$ $\lambda=0$

(b) $V=0.5\%$ $\lambda=0.5$

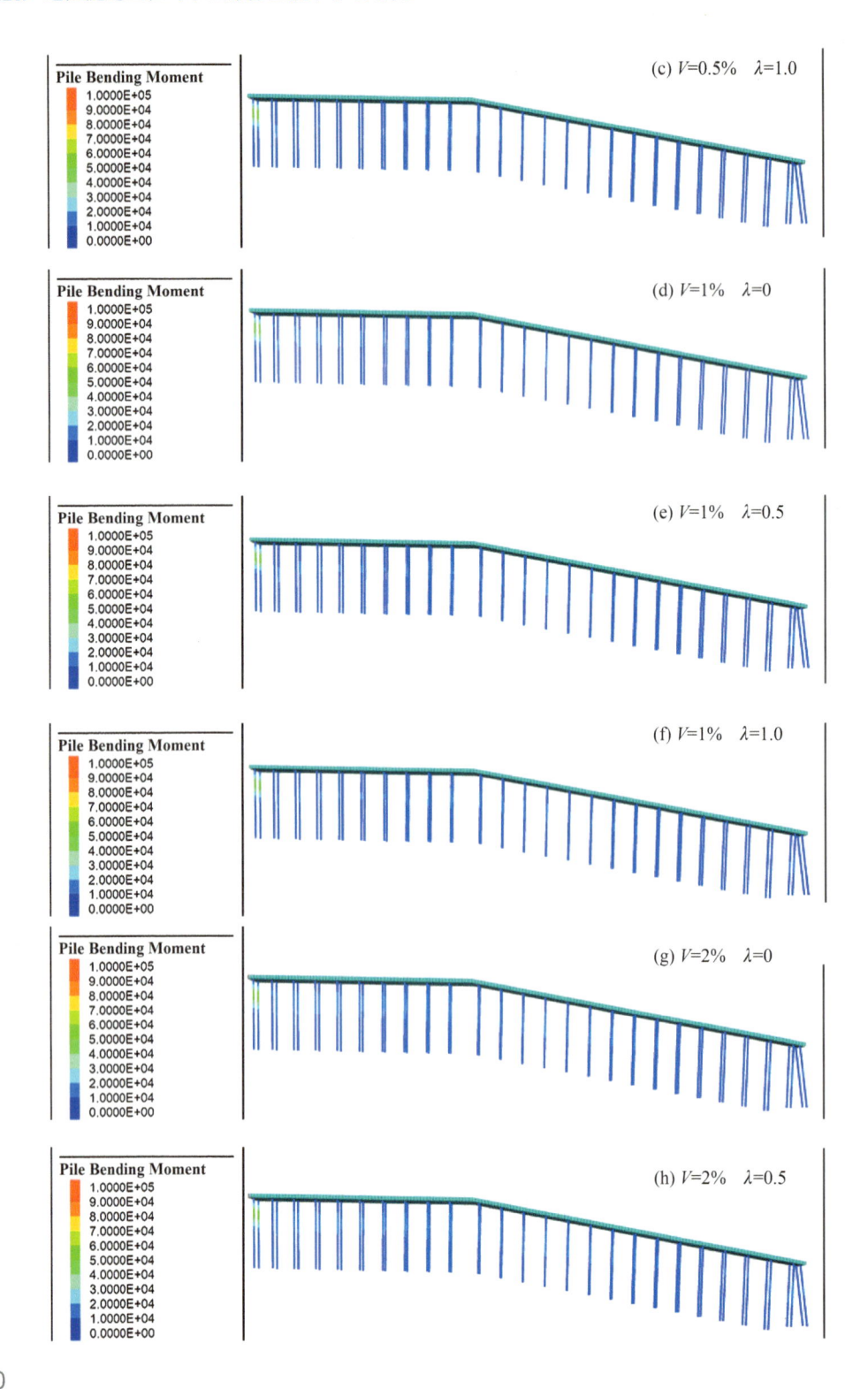

(c) $V=0.5\%$ $\lambda=1.0$

(d) $V=1\%$ $\lambda=0$

(e) $V=1\%$ $\lambda=0.5$

(f) $V=1\%$ $\lambda=1.0$

(g) $V=2\%$ $\lambda=0$

(h) $V=2\%$ $\lambda=0.5$

(i) V=2% λ=1.0

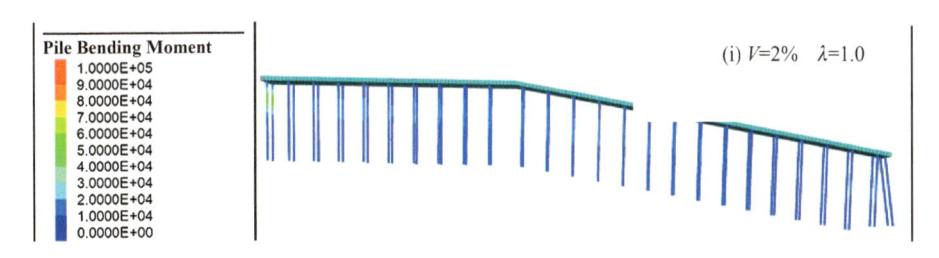

图 6.3-9 盾构施工不同地层损伤率和泥水面压力下栈桥桩基弯矩分布

6.4 船舶应急抛锚影响深度分析

6.4.1 应急抛锚入土深度分析

1) 应急抛锚代表船型确定

拟建武汉轨道交通 11 号线四期工程区域涉及杨泗港区中长燃绿色航运综合服务区港池水域,该水上服务区设计靠泊加油最大船型为 3 000 吨级船舶。同时,考虑工程河段主航道航道等级为 Ⅰ-(1)级,附近通航最大船型为 5 000 吨级散货船(在枯水期时,存在 5 000 吨级散货船紧邻航道航行,可能航行至水上服务区港池水域,需考虑该船型作为代表船型)。按《海港总体设计规范》(JTS 165—2013)、《长江干线通航标准》(JTS 180-4—2020)、《霍尔锚》(GB T546—2016)如下:

按《海港总体设计规范》(JTS 165—2013)、《长江干线通航标准》(JTS 180-4—2020)、《霍尔锚》(GB T546—2016),相关船型参数和锚型如表 6.4-1 所示。

表 6.4-1 港池水域涉及船型

船型(吨级)	总长 L(m)	宽 B(m)	型深(m)	吃水(m)	锚重(t)
3 000	96	16.6	7.8	5.8	1.92
5 000	115	18.8	9	7	2.46

2) 水上服务区极限冲刷

（1）根据《武汉市轨道交通 11 号线越长江工程平面二维数学模型计算分析报告》，在极限冲刷条件下，水上服务区水域（靠近江心侧港池边界）河床最低点高程为 -5.5 m，水上服务区水域极限冲刷深度为 11 m；

（2）根据《武汉市轨道交通 11 号线四期工程越长江段河工模型试验研究报告》，在极限冲刷条件下，水上服务区水域（靠近江心侧港池边界）河床最低点高程为 -1.2 m，水上服务区水域极限冲刷深度为 6.7 m。

综合考虑数学模型计算成果和物理模型试验成果，在极限冲刷情况下，水上服务区水域最深点底高程为 -5.5 m。

3) 理论公式

根据理论经验公式，计算得应急抛锚后的贯入量如表 6.4-2 所示：

表 6.4-2　应急抛锚贯入土体深度理论计算结果

船型（吨级）	河床底质	土壤系数	工况	锚重（吨）	截面面积（m²）	触底速度（m/s）	入土深度（m）
3 000	粉细砂	8	现状	1.92	0.95	3.9	0.30
	角砾土	6	极限冲刷			4.4	0.28
5 000	粉细砂	8	现状	2.46	1.13	4.2	0.36
	角砾土	6	极限冲刷			4.7	0.34

结论：根据理论公式计算可知，3 000 吨级船舶在现状和极限冲刷条件下的应急抛锚入土深度分别为 0.3 m、0.28 m；5 000 吨级船舶在现状和极限冲刷条件下的应急抛锚入土深度分别为 0.36 m、0.34 m。

4) 数据拟合

结合锚重与贯入柔软沉积层深度的关系，采用二次曲线拟合数据处理技术，计算不同重量的霍尔锚入土深度，结果如表 6.4-3 所示。

结论：根据数据拟合方法研究分析可知，3 000 吨级船舶在现状和极限冲刷条件下的应急抛锚入土深度为 1.21 m；5 000 吨级船舶在现状和极限冲刷条件下的应急抛锚入土深度为 1.36 m。

表6.4-3　曲线拟合法计算霍尔锚入土深度

船型（吨级）	工况	锚重(吨)	入土深度(m)
3 000	现状	1.92	1.21
	极限冲刷		1.21
5 000	现状	2.46	1.36
	极限冲刷		1.36

5）数值模拟

利用数值模计算应急抛锚贯入土体深度结果如下表6.4-4和图6.4-1~6.4-4所示。

表6.4-4　应急抛锚有限元数值模拟计算结果

船型（吨级）	河床底质	工况	锚贯入土体深度(m)	锚冲击力影响深度(m)
3 000	粉细砂	现状	0.28	2.59
	角砾土	极限冲刷	0.23	2.22
5 000	粉细砂	现状	0.35	2.61
	角砾土	极限冲刷	0.32	2.39

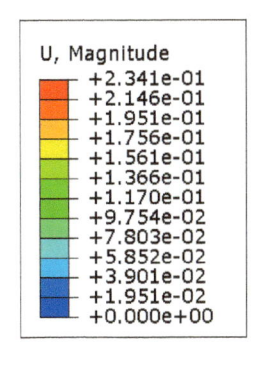

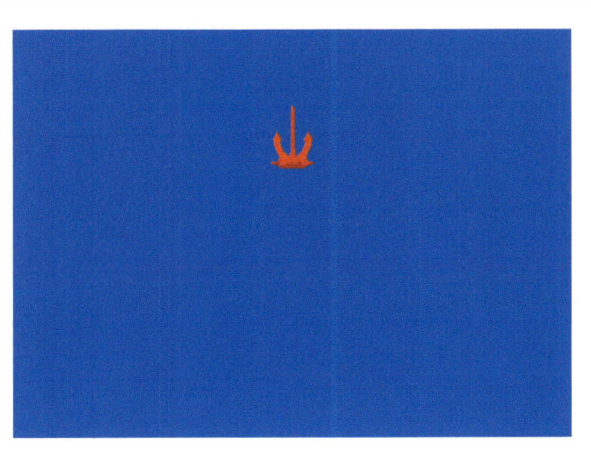

(a) 贯入土体深度

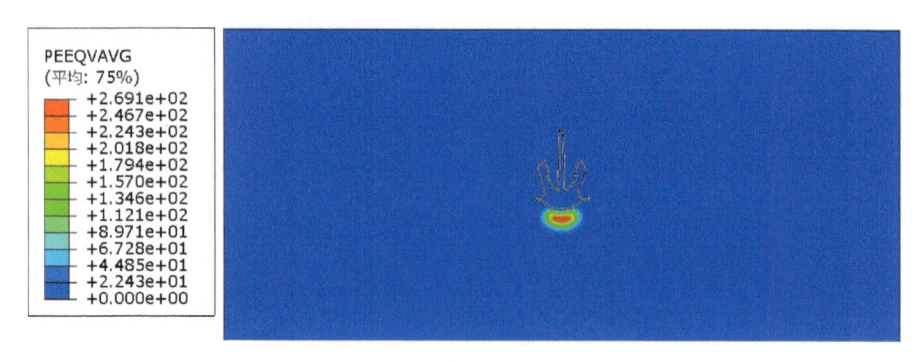

(b) 冲击力影响区

图 6.4-1　现状工况：3 000 吨级船锚

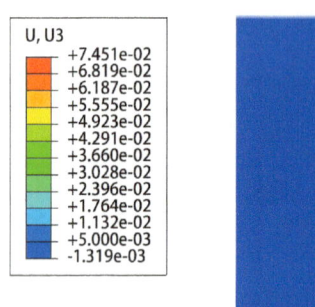

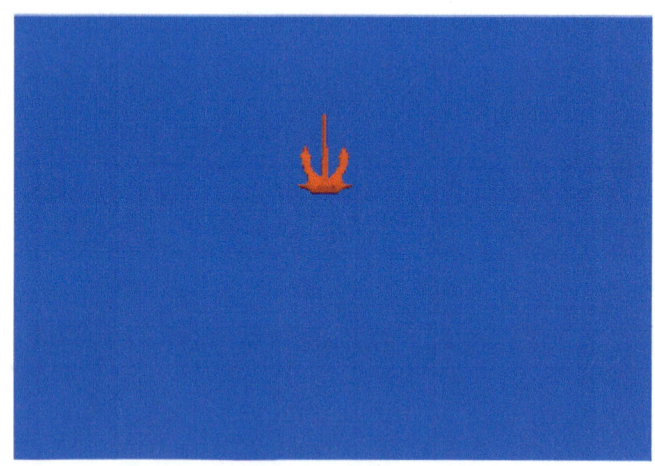

(a) 贯入土体深度

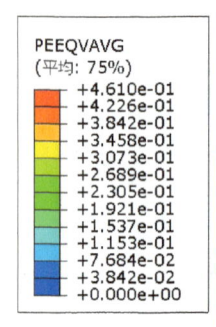

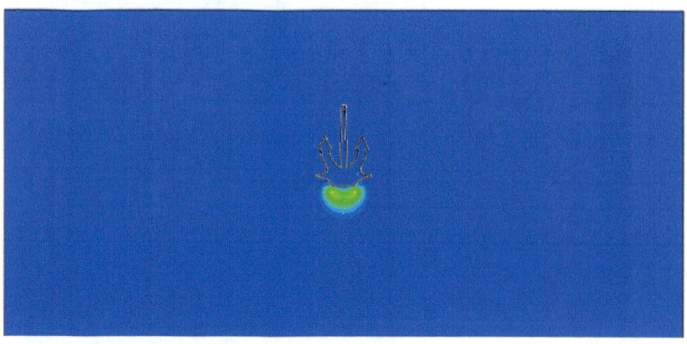

(b) 冲击力影响区

图 6.4-2　极限工况：3 000 吨级船锚

(a) 贯入土体深度

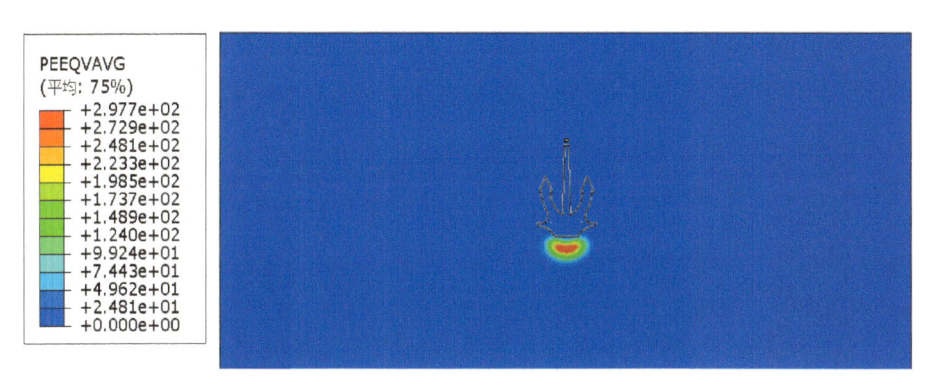

(b) 冲击力影响区

图 6.4-3 现状工况：5 000 吨级船锚

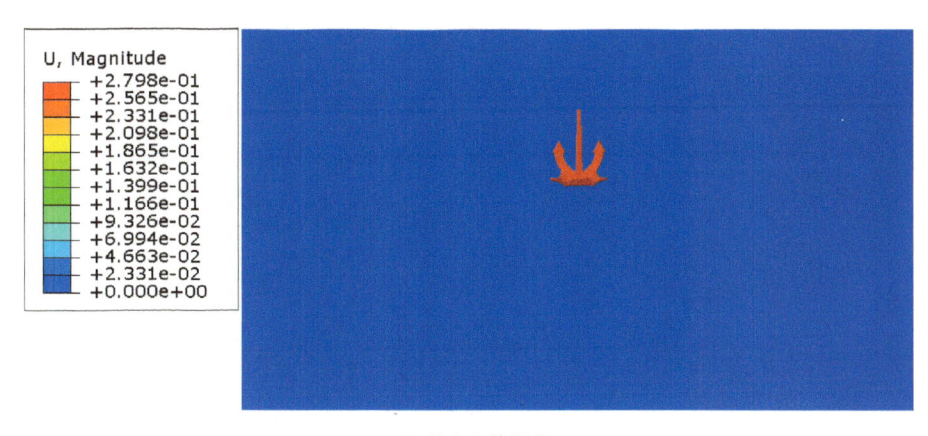

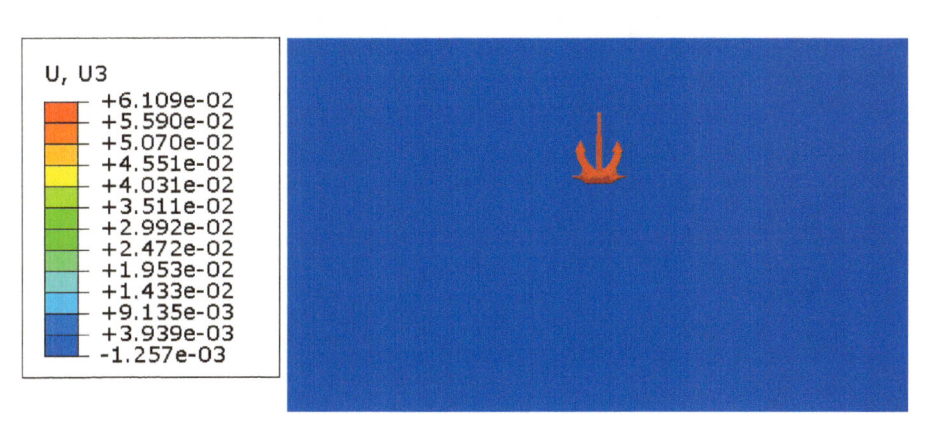

(a) 贯入土体深度

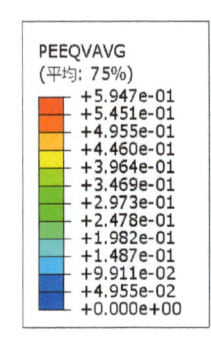

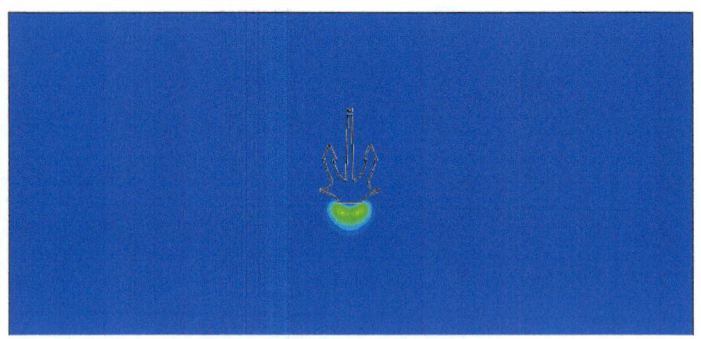

(b) 冲击力影响区

图 6.4-4　极限工况：5 000 吨级船锚

结论：根据数值模拟研究分析可知，3 000 吨级船舶在现状和极限冲刷条件下的应急抛锚深度分别为 0.28 m、0.23 m；5 000 吨级船舶在现状和极限冲刷条件下的应急抛锚深度分别为 0.35 m、0.32 m。

6.4.2　拖锚入土深度分析

1) 理论计算

采用理论计算公式，计算水上服务区代表船型拖锚航行时贯入土体深度如表 6.4-5 所示：

表 6.4-5　拖锚入土深度理论公式计算结果

船型（吨级）	霍尔锚重（t）	锚爪长度 h（m）	锚冠厚度 h_1（m）	拖锚入土深度 D_1（m）	拖锚入土深度 D_2（m）
3 000	1.92	1.104	0.241	0.74	1.10
5 000	2.46	1.194	0.262	0.80	1.19

2) 数值模拟

通过数值模拟船舶应急抛锚过程完成后，锚继续在河床内拖锚过程，求取拖锚入土深度。

拖锚贯入土体数值模拟计算结果如表 6.4-6 和图 6.4-5～6.4-8 所示。

表 6.4-6　拖锚有限元数值模拟计算结果

船型(吨级)	河床底质	工况	贯入土体深度(m)	拖锚力影响深度(m)
3 000	粉细砂	现状	0.70	2.14
	角砾土	极限冲刷	0.42	1.95
5 000	粉细砂	现状	0.89	2.68
	角砾土	极限冲刷	0.48	2.16

● 注：考虑锚击深度范围内的土体已成塑性区，为避免重复统计，本表中塑性区深度为数值模拟计算云图中塑性区深度与锚击深度之差，即锚爪以下土体深度。

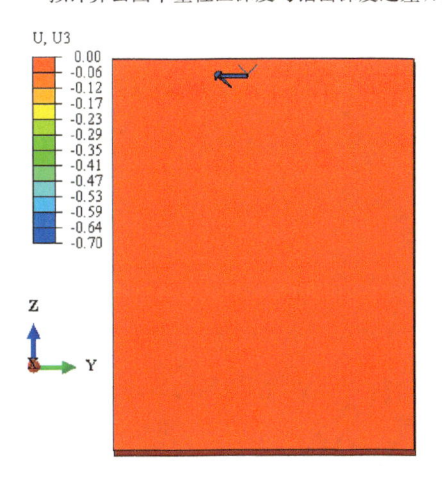

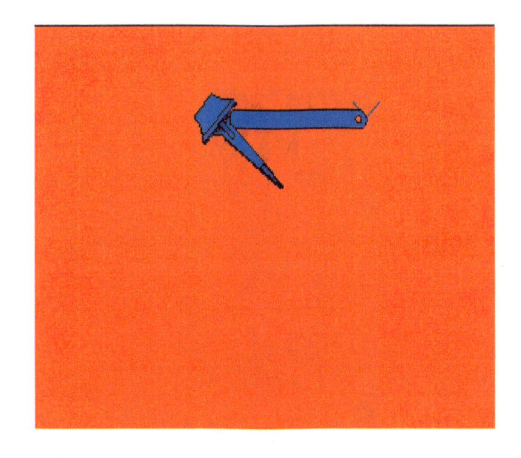

(a) 贯入土体深度

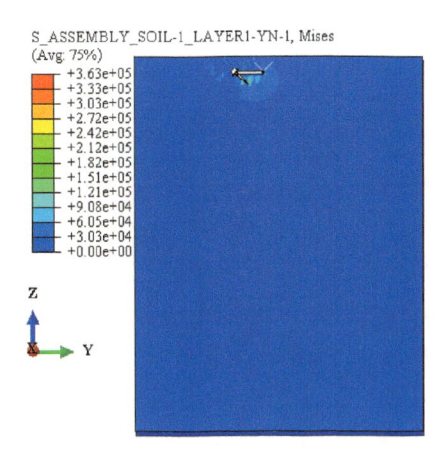

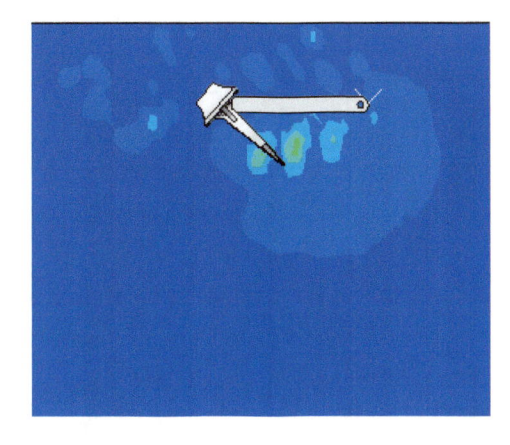

(b) 冲击力影响区

图 6.4-5　现状工况：3 000 吨级船锚

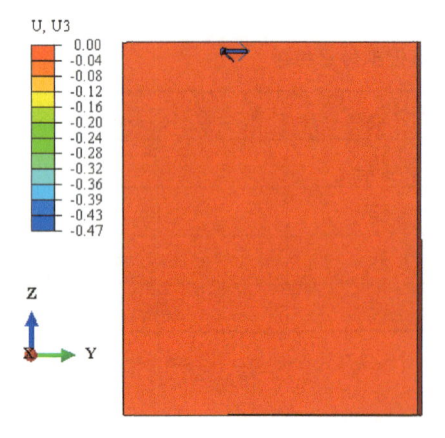

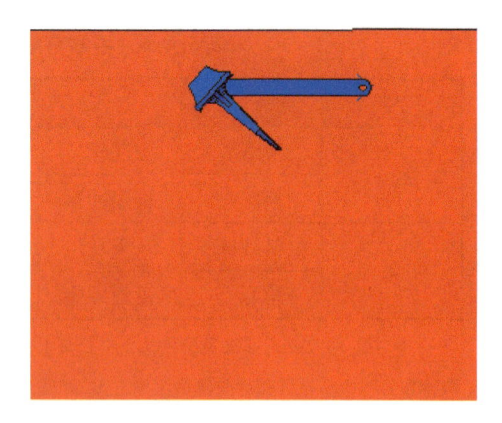

(a) 贯入土体深度

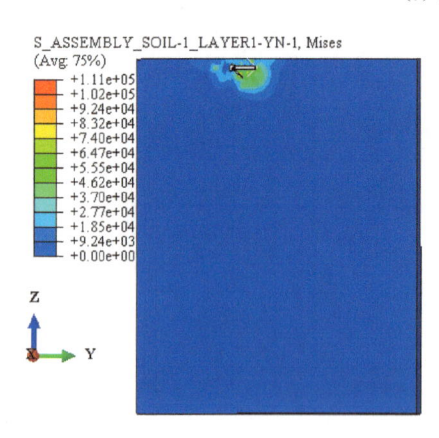

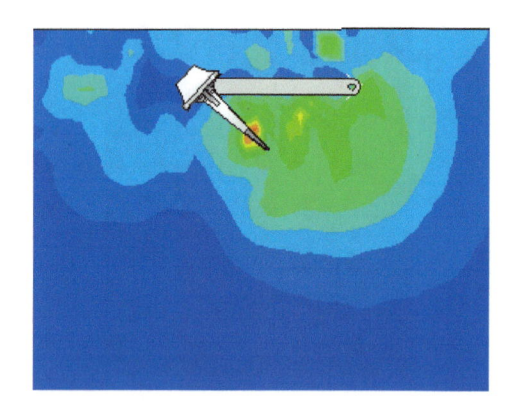

(b) 冲击力影响区

图 6.4-6　极限冲刷工况：3 000 吨级船锚

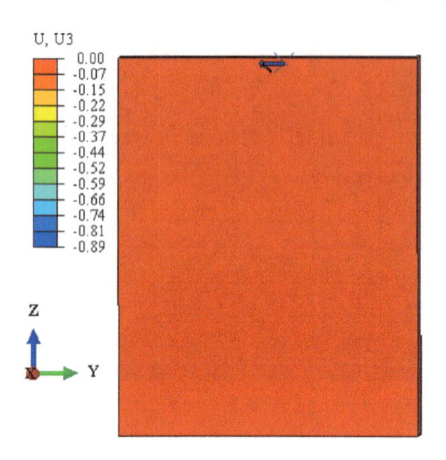

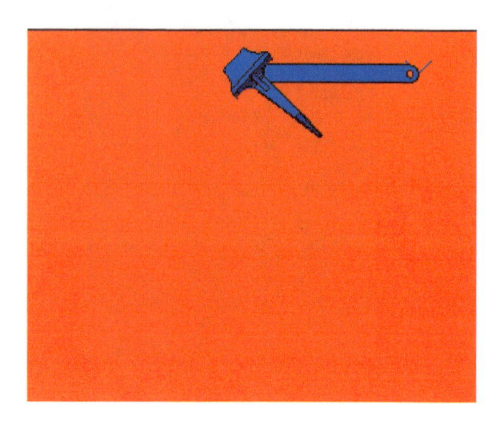

(a) 贯入土体深度

(b) 冲击力影响区

图 6.4-7　现状工况：5 000 吨级船锚

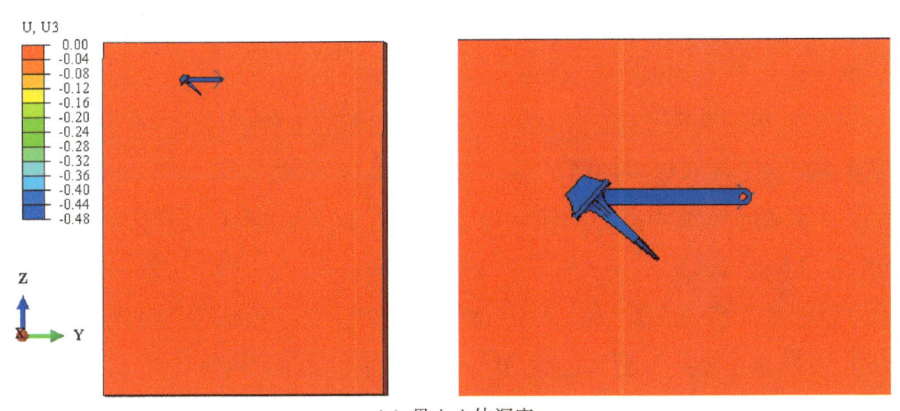

(a) 贯入土体深度

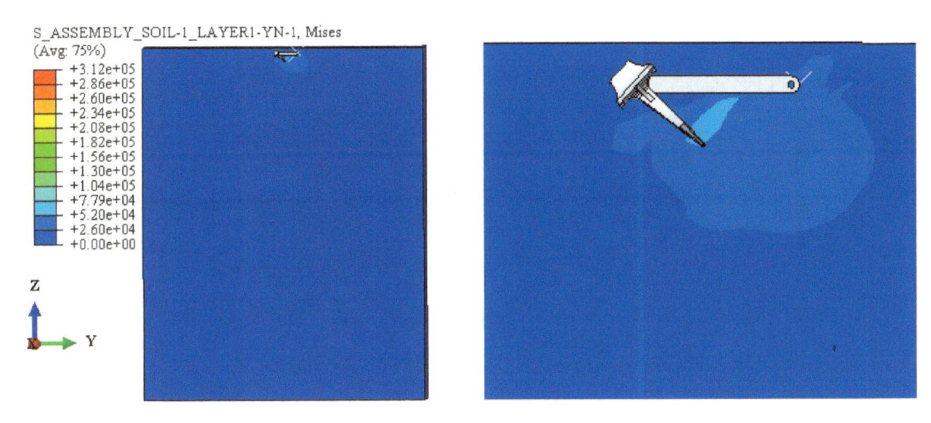

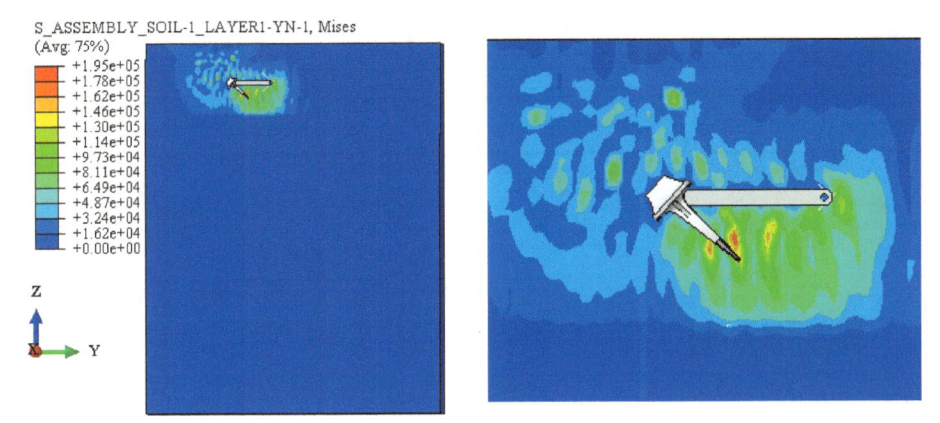

(b) 冲击力影响区

图 6.4-8　极限冲刷工况：5 000 吨级船锚

6.4.3 对比分析

（1）在河床底质相同时，拖锚贯入深度随着锚重的增加而增大；

（2）相同工况下，理论计算值普遍偏大，其主要原因在于理论计算值根据锚的形状参数和河床底质情况确定，在实际船舶拖锚过程中锚可能埋没于土中，拖锚过程中受到土体阻力明显大于河床表面拖锚，因而锚的入土深度小于几何理论计算值。参考类似工程项目经验，拖锚贯入土体深度采用数值模拟值。

拟建武汉轨道交通11号线四期工程越江段穿越杨泗港区中长燃绿色航运综合服务区水域中现状工况和极限冲刷工况下靠泊船舶拖锚贯入土体深度值：3 000吨级船舶分别为0.70 m和0.42 m；5 000吨级船舶分别为0.89 m和0.48 m。

同时，根据有限元模拟结果，3 000吨级船舶应急抛锚过程中冲击力影响深度在现状工况和极限冲刷工况下分别为2.14 m和1.95 m；5 000吨级船舶应急抛锚过程中冲击力影响深度在现状工况和极限冲刷工况下分别为2.68 m和2.16 m。

综上考虑船舶应急抛锚入土深度和拖锚入土深度，以及锚的冲击力影响深度，确定船舶应急抛锚影响深度，结果如下表6.4-7所示：

表6.4-7 不同船型应急抛锚影响深度一览表

船型（吨级）	工况	（应急抛锚＋拖锚）入土深度(m)	冲击力影响深度（冲击力为0时)(m)	应急抛锚影响深度(m)
3 000	现状	0.98	2.14	3.12
	极限冲刷	0.65	1.95	2.6
5 000	现状	1.22	2.68	3.9
	极限冲刷	0.80	2.16	2.96

通过对船舶应急抛锚入土深度、应急抛锚后拖锚入土深度和冲击力影响深度的分析，确定现状和极限冲刷条件下的3 000吨级船舶应急抛锚—拖锚连续过程中影响深度分别为3.12 m和2.6 m；5 000吨级船舶应急抛锚—拖锚连续过程中影响深度分别为3.9 m和2.96 m。

6.5 沉船影响分析

1）沉船代表船型确定

考虑工程区域通航最大船型为 5 000 吨级散货船,靠泊加油最大船型为 3 000 吨级船舶。代表船型及相关参数如表 6.5-1 所示。

表 6.5-1　代表船型尺度和载重参数

船型(吨级)	总长 L(m)	宽度 B(m)	型深(m)	吃水深(m)	满载总重(吨)
3 000	96	16.6	7.8	5.8	5546
5 000	115	18.8	9	7	9 080

2）模拟结果

采用 ABAQUS 有限元计算软件进行数值模拟,模拟结果为极限冲刷条件下不同代表船型坐底沉船的入土深度、冲击力影响深度。可以看出,武汉轨道交通 11 号线四期工程越江推荐线位的船舶沉没入土深度、冲击力影响深度分别为 0.65 m、1.87 m 和 0.93 m、2.13 m(见表 6.5-2)。

表 6.5-2　沉船数值模拟计算结果

船型(吨级)	河床底质	工况	入土深度(m)	冲击力影响深度(m)
3 000	角砾土	极限冲刷	0.65	1.87
5 000	角砾土	极限冲刷	0.93	2.13

由此可见,极限冲刷条件下,水上服务区段隧道顶部埋置深度 21.2 m,远大于沉船影响深度 3.06 m(入土深度 0.93 m＋冲击力影响深度 2.13 m)。因此,拟建隧道埋深较大,满足港池水域船舶沉船要求,且有较大富裕,船舶发生沉没对隧道正常运营影响很小。

6.6 本章小结

(1) 在采取相关可行、有效的保障措施前提下,武汉轨道交通 11 号线四期工程隧道工程选址满足《中华人民共和国航道法》《中华人民共和国港口法》《城市轨道交通运营管理规定》《武汉市轨道交通管理条例》等法律法规的要求。不符合《内河通航标准》和《海轮航道通航标准》应避开港口作业区的要求。

拟建隧道穿越的杨泗港区中长燃绿色航运综合服务区 1# 趸船为污水回收趸船,不具备储油加油功能;加油趸船 2#、3# 泊位水平方向上距离拟建隧道边线分别 16.7 m、118.7 m,大于陆地加油站与地上城市轨道(铁路)的安全间距 15.5 m,满足《汽车加油加气加氢站技术标准》《建筑设计防火规范》《石油库设计规范》等要求。

按照《长江干线通航标准》水下过河建筑物选址规定,开展水文分析、河床演变、河工模型试验、二维水沙数值模拟等专题研究。

(2) 对于穿越水上服务区的过江通道,水上服务区水域船舶水上水下活动对隧道影响研究应主要考虑极限冲刷、紧急抛锚、沉船等因素的影响,通过综合考虑确定隧道埋深。隧道的安全埋深间距≥极限冲刷深度+应急抛锚影响深度或沉船影响深度(两者取最大)。

(3) 水上服务区水域设计代表船型为 3 000 吨级船舶,现状工况和极限冲刷工况应急抛锚影响深度分别为 3.12 m(0.98 m+2.14 m)、2.6 m(0.65 m+1.95 m);考虑工程河段附近通航最大船型为 5 000 吨级散货船,现状工况和极限冲刷工况应急抛锚影响深度分别为 3.9 m(1.22 m+2.68 m)/2.96 m(0.8 m+2.16 m)。

(4) 当水上服务区水域 3 000 吨级船舶满载在水上服务区水域沉没,计算沉船的入土深度为 0.65 m,冲击力影响深度为 1.87 m(冲击力为 0),沉船影响深度为 2.52 m;当 5 000 吨级船舶满载在水上服务区水域沉没,计算沉船的入土深度为 0.93 m,冲击力影响深度为 2.13 m(冲击力为 0),沉船影响深度为 3.06 m。

由于沉船刚发生时船体结构未完全破坏,会有大量的船舱无法进水或者进水缓慢,一般会保有一定的浮力,随着时间推移船体结构可能会产生破坏完全丧失浮力,此时对隧道的影响最大;同时船沉没到江底后,受到冲刷作用的影响,船体的埋深将会随着时间的推移持续增加。当发生沉船事故后,应及时进行处理,避免沉船长时间停留在隧道上方。

参考文献

[1] 长江航务管理局长江航运发展研究中心.长江干线水上绿色航运综合服务区布局方案研究[R].武汉：长江航务管理局长江航运发展研究中心,2021.

[2] 刘亮.精心打造长江三峡通航综合服务区全力推进绿色三峡通航建设[J].中国水运,2019(5)：6-7.

[3] 杜珂.内河水上服务区的功能定位及发展建议[J].水运管理,2022,44(1)：4-7,12.

[4] 邹静.内河水上通航综合服务区建设浅析[J].中国水运,2019(10)：53-54.

[5] 徐培红,董鸿瑜,赵振,等.关于加快长江干线水上绿色航运综合服务区建设的思考[J].长江技术经济,2020,4(2)：71-74.

[6] 魏帅,李国禄,陈述.长江下游过江隧道河段最大冲深数值模拟[J].水利水运工程学报,2016(1)：1-8.

[7] 王华,曹双,于洋,等.南京河段拟建过江隧道河段河床冲刷数值模拟[J].水运工程,2019(11)：67-73.

[8] DET NORSKE VERITAS. Design Guidance for Offshore Steel Structures Exposed to Accidental Loads[R]. DNV Report No. 88-3172, 1988.

[9] 崔光耀,张洋,苏昊.过江隧道穿越既有铁路相互影响研究[J].世界科技研究与发展,2010,32(3)：366-369.

[10] 杨才,王世君.涉航作业对地铁隧道结构安全影响分析[J].广东土木与建筑,2020,27(11)：45-48,52.

[11] 张庆贺,王慎堂,严长征,等.盾构隧道穿越水底浅覆土施工技术对策[J].岩石力学与工程学报,2004,23(5)：857-861.

[12] 徐云福,王立峰.近邻桩基施工对城市地铁隧道的影响分析[J].岩土力学,2015,36(S2)：577-582.

[13] 郑永来,杨林德.水底隧道沉船荷载的研究[J].地下空间,2002,22(3)：256-

258,283.

[14] 天津水运工程勘察设计院有限公司,中铁武汉勘察设计院有限公司.江阴第二过江通道工程航道通航条件影响评价报告[R].武汉:中铁武汉勘察设计院有限公司,2019.

[15] 孙凯旋,高亚军,李国斌,等.重庆长江隧道河床演变及冲刷预测[J].水运工程,2020(7):181-186,198.

[16] 李林,郑余朝,张俊儒,等.盾构隧道下穿既有铁路现场测试研究[J].现代隧道技术,2006,43(6):51-55.

[17] 赵维阳,胡勇,张胡.长江下游过江隧道工程河段极限冲刷深度研究[J].水运工程,2023(1):120-126.

[18] 南京水利科学研究院.南京建宁西路过江通道工程河工模型试验研究报告[R].南京:南京水利科学研究院,2017.

[19] 刘建航,侯学渊.盾构法隧道[M].北京:中国铁道出版社.1991.

[20] 胡俊强,熊启东,何品祥.水位和覆土厚度变化对过江隧道稳定性影响的数值分析[J].重庆建筑,2010,9(11):6-10.

[21] 杨芳,何用.广佛过江隧道河段极限冲刷数值模拟[J].人民珠江,2010,31(2):14-18.

[22] (日)土木学会编.隧道标准规范(盾构篇)及解说[M].朱伟,译.北京:中国建筑工业出版社,2001.

[23] 岳红艳,谷利华,张杰.武汉汉江过江隧道河床演变及最大冲深预测[J].人民长江,2010,41(6):35-39.

[24] 万财华.水下礁石爆破对过江隧道的振动影响研究[D].重庆:重庆交通大学,2021.

[25] 王玉红.长江沉船对航道的影响及对策[J].武汉交通职业学院学报,2010,12(4):16-19.

[26] 王希清.施工船舶抛锚作业对海底管道的影响研究[J].珠江水运,2014(18):57-58.

[27] 关宝树.隧道工程施工要点集[M].人民交通出版社,2003.

[28] 郭文献,李越,卓志宇,等.三峡水库对长江中下游河流水文情势影响评估[J].水力发电,2019,45(5):22-27.

[29] 付桂.长江口近期来水来沙量及输沙粒径的变化[J].水运工程,2018(2):105-110.

[30] DNV. Interference between Trawl Gear and Pipelines:DNVGL — RP-FIll[S].2017.

[31] 江华,陈建康,李四强,等.盾构隧道施工引起地表沉降的预测与控制[J].市政技术,2009,27(2):148-150.

[32] 代坤.重庆主城区快轨过江隧道埋深设计标准的研究[J].重庆建筑,2021,20(5):54-57.

[33] 郑永来,杨林德.水底隧道沉船荷载的研究[J].地下空间,2002(3):256-258,283.

[34] 孟德有,许浩东,李硕标.船舶抛锚及沉船偶然工况的可靠度设计研究[J].现代隧道技术,2022,59(S1):471-479.

[35] 艾志伟.过江隧道大直径盾构下穿输油管道施工参数研究[J].市政技术,2021,39(10):73-78.

[36] 韩伟,王余鹏,石端文.盾构施工下穿既有建筑物沉降变形分析与控制[J].山东交通学院学报,2021,29(2):61-68.

[37] 张宇亭,安晓宇,刘正滨,等.土工离心模拟试验技术在水运工程中的应用[M].北京:人民交通出版社股份有限公司,2021.

[38] 王晋.基于桩—土—上部结构相互作用的高桩码头结构性状研究[D].武汉:中国地质大学,2009.

[39] 马少坤,陈欣,吕虎,等.不同埋置位置隧道对群桩影响的离心模型试验[J].中国公路学报,2015,8:67-73.

[40] 于洋,李瑞杰,王华,等.南京市拟建过江隧道河段河床极限冲刷深度研究[J].人民长江,2020,51(9):6-11.

[41] 屈克军.盾构隧道施工对临近既有线沉降影响的数值分析[J].贵州大学学报(自然科学版),2021,38(5):94-100.

[42] 《岩土离心模拟技术的原理和工程应用》编委会.岩土离心模拟技术的原理和工程应用[M].武汉:长江出版社,2011.

[43] 王年香,章为民等.土工离心模型试验技术与应用[M].北京:中国建筑工业出版社,2015.

[44] 佘才高.南京地铁过江隧道总体设计与施工[J].隧道建设,2016,36(1):58-65.

[45] 郭信君,闵凡路,钟小春,等.南京长江隧道工程难点分析及关键技术总结[J].岩石力学与工程学报,2012(10):2154-2160.

[46] 张万国.微型盾构下穿既有铁路和城市轻轨施工技术研究[J].铁道建筑技术,2021(8):140-143,157.

[47] 李铮,于静涛,许浩东.船舶抛锚和沉船对跨海盾构隧道的影响研究[J].现代隧道技术,2022,59(S1):480-487.

[48] 孙钧.海底隧道工程设计施工若干关键技术的商榷[J].岩石力学与工程学报,2006(8):1513-1521.

[49] 刘年夫.中国海事审判(2010)[M].广州:广东人民出版社,2010.

[50] DNV. Risk Assessment of Pipeline Protection:DNVGL—RP—F107[S]. 2017.

[51] DNV. Submarine Pipeline Systems:DNVGL—ST—F101[S]. 2017.

[52] 郭庆勇.海底隧道工程环境事件风险评估及防范研究[D].广州:华南理工大学,2020.

[53] 沈张勇.穿越长江轨交区间隧道设计难点的分析和研究[J].地下工程与隧道,2014(4):19-22,53.

[54] 丁红岩,乐丛欢,张浦阳.落物撞击作用下海底管道风险评估[J].海洋工程,2010,28(1):25-30.

[55] 杨成永,马文辉,彭华,等.地铁双线盾构近距下穿盾构隧道施工沉降控制[J].铁道工程学报,2018,35(7):91-98.

[56] 徐宇程,朱首贤,张文静,等.长江大通站径流量的丰平枯水年划分探讨[J].长江科学院院报,2018,35(6):19-23.

[57] 李靓亮,李文全.《内河通航标准》中水下隧道与锚地安全间距的探讨[J].水运工程,2018(12):99-103,109.

[58] 何川,封坤.大型水下盾构隧道结构研究现状与展望[J].西南交通大学学报,2011,46(1):1-11.

[59] 任宇晓.船舶拖、落锚运动及海底管线防护研究[D].天津:天津大学,2019.

[60] ALWARTHAN A L,CHUNG J S,HUITELMAIER H P,et al. Effect of Ship Anchor impact in Offshore Pipeline[C]//Proceedings of the Third International Offshore and Polar Engineering Conference, International Society of Offshore and Polar Engineers, Singapore:1993.

[61] 牛景轶,金祖权.海底隧道工程对海洋环境的污染方式、特点及防治[J].青岛农业大学学报(社会科学版),2009,21(4):50-55.

[62] 吴为义,孙宇坤,李良,等.过江隧道大直径盾构下穿引起的大堤变形分析[J].中国铁道科学,2016,37(4):78-82.

[63] 贾晓凤,李春剑,任磊,等.地铁盾构隧道下穿南水北调干渠的沉降控制研究[J].安全与环境工程,2022,29(1):77-84,118.

[64] 李荣峰,夏朋.南京地铁三号线过江隧道工程地质评价[J].山西建筑,2014,40(19):165-166.

[65] 沈华骏.杭州地铁二号线过江隧道工程及水文地质条件研究[D].浙江：浙江大学,2008.

[66] 郑永来,潘杰,韩文星.软土地铁隧道沉降分析[J].地下空间与工程学报,2005(1)：67-74.

[67] 王爱华.和燕路过江隧道泥水盾构穿越八卦洲大堤施工沉降控制[J].工程技术研究,2022,7(2)：18-20.

[68] 高博.多断面隧道群下穿既有地铁车站沉降变形规律研究[D].石家庄：石家庄铁道大学,2021.

[69] 牛泽林.基于结构可靠性理论的黄土隧道结构设计及工程应用研究[M].成都：西南交通大学出版社,2017.

[70] 侯建国,安旭文.结构可靠度理论在水工结构设计标准中的应用[J].长江科学院院报,2019,36(8)：1-9.

[71] 施瑾伟,王学军.盾构法施工在过江隧道中的风险及应对措施[J].重庆交通大学学报(自然科学版),2013,32(1)：23-26.

[72] 王成.隧道工程[M].北京：人民交通出版社,2019.

[73] 吴为义,孙宇坤,张土乔.盾构隧道施工对邻近地下管线影响分析[J].中国铁道科学,2008(3)：58-62.

[74] QU J, GE X. Research on characteristics of the lateral settle-ment trough caused by shield construction[J]. Journal of Shanghai Jiaotong University, 2006, E1 1(4)：525-530.

[75] 唐益群,叶为民,张庆贺.上海地铁盾构施工引起地面沉降的分析研究(三)[J].地下空间,1995(4)：250-258.

[76] 陈辉.盾构隧道近接施工对桥桩影响及保护措施[J].土工基础,2015,29(3)：1-5.